BEIHEFTE ZUR ZEITSCHRIFT FÜR DIE ALTTESTAMENTLICHE WISSENSCHAFT 71

DIE ÄLTESTEN TRADITIONEN ISRAELS

EIN KRITISCHER BERICHT ÜBER C. A. SIMPSON'S

THE EARLY TRADITIONS OF ISRAEL

VON

OTTO EISSFELDT

VERLAG ALFRED TÖPELMANN * BERLIN W 35

1950

Beihefte
zur Zeitschrift für die alttestamentliche Wissenschaft:

(Forts. s. 3. Umschlagseite)

Verlag von Alfred Töpelmann in Berlin W 35

DIE ÄLTESTEN TRADITIONEN ISRAELS

EIN KRITISCHER BERICHT ÜBER C. A. SIMPSON's

THE EARLY TRADITIONS OF ISRAEL

von

OTTO EISSFELDT

VERLAG ALFRED TÖPELMANN, BERLIN W 35

1950

BEIHEFTE ZUR ZEITSCHRIFT FÜR DIE
ALTTESTAMENTLICHE WISSENSCHAFT 71

Inhaltsverzeichnis

Am Schluß seines im Herbst 1948 veröffentlichten Büchleins »Geschichtsschreibung im Alten Testament. Ein kritischer Bericht über die neueste Literatur dazu« hat der Verfasser auf das im Frühjahr 1948 erschienene stattliche Buch von C. A. SIMPSON »The Early Traditions of Israel. A Critical Analysis of the Pre-deuteronomic Narrative of the Hexateuch«[1] hingewiesen und angekündigt, daß ein ausführlicher kritischer Bericht über dies Werk an anderer Stelle gegeben werden solle. Dieser Bericht wird hier vorgelegt. Wie der Untertitel des SIMPSONschen Buches besagt, bringt es eine kritische Analyse der vordeuteronomischen Erzählung des Hexateuch, nämlich seine Zerlegung in drei Erzählungsfäden, die als J¹, J² und E bezeichnet werden. Der Obertitel aber deutet an, daß es sich nicht allein und gar nicht einmal in erster Linie um eine kritische Analyse handelt, sondern um die stoff- und sachgeschichtliche Würdigung der von der Analyse festgestellten literarischen Schichten und der für sie maßgebenden Traditionen. Der Erreichung dieses Doppelzieles dient die Anlage des Buches, die folgendermaßen geartet ist.

I. Anlage des SIMPSONschen Buches

Der eigentlichen Untersuchung sind vorausgeschickt eine den Gebrauch des Buches erleichternde Bemerkung über den von ihm benutzten englischen Bibeltext, über die Verwendung von Klammern und von Kursivtext und dergleichen (Explanatory Note, S. 7), ein Abkürzungsverzeichnis (Abbreviations, S. 9), ein Verzeichnis der wichtigsten Literatur (Bibliography, S. 11—16) und eine Einleitung (Introduction, S. 19—49), die eine Übersicht über die Geschichte der Hexateuchkritik von ISAAK BEN-JASOS aus Toledo (982—1057) bis MOWINCKEL (The Two Sources of the Predeuteronomic Primeval History [JE] in Gen 1—11, 1937) und RUDOLPH (Der»Elohist« von Exodus bis Josua, 1938) oder vielmehr bis zu dem vorliegenden Buche selbst bringt. Denn SIMPSON teilt, sie vorwegnehmend, die Ergebnisse dieses seines Buches bereits an dieser Stelle (S. 31—36) kurz mit; es sind diese: Der älteste Erzählungsfaden, J¹, der in der ersten Hälfte der Regierung Davids, als die Traditionen des Südteils seines Reiches mit denen des

---

[1] CUTHBERT AIKMAN SIMPSON, Th. D., D. D. Oxon. (Professor of Old Testament Literature and Interpretation, General Theological Seminary New York): *The Early Traditions of Israel.* A Critical Analysis of the Pre-deuteronomic Narrative of the Hexateuch. 8⁰. 677 S. Basil Blackwell, Oxford 1948.

Nordens zu verschmelzen begannen, wahrscheinlich in Hebron entstanden ist, gibt die Traditionen der Südstämme, also Simeon, Levi,
Juda und der ihnen nahe stehenden Gruppen Kaleb, Othniel und Kain,
sowie die des am Ostjordanland haftenden Stammes Ruben wieder,
läßt aber neben Ruben, Simeon, Levi und Juda auch Joseph, und zwar
diesen allein von den Nordstämmen, als Sohn Israel-Jakobs gelten.
Von den Patriarchen ist ihm der mit Hebron verbundene Abraham die
Hauptperson. Die Erzählungen vom Übertritt nach Ägypten und vom
Auszug von dort, Bewegungen, an denen nur die Südstämme beteiligt
waren, aber haben Kadesch zum Mittelpunkt. Von dort hat der Übertritt nach Ägypten stattgefunden, dahin strebt die aus Ägypten ausgebrochene Schar zurück, um sich dann von hier nach Norden zu wenden
und in Palästina einzudringen. Der, in der zweiten Hälfte des 10. oder
der ersten des 9. Jh.s v. Chr. anzusetzende, J^2 hat das Werk des J^1,
in dem wesentlich die Tradition der Südstämme zu Wort gekommen
war, der Tradition des Nordens, des »Hauses Joseph«, die Beerseba
höher wertete als Hebron, den am vulkanischen Nordostrande des
Roten Meeres in Midian gelegenen Sinai als Stätte des Bundesschlusses
Jahwes und seines Volkes betrachtete und das Eindringen in Palästina
von Osten her über den Jordan geschehen ließ, anzupassen sich bemüht
und dementsprechend das Werk des J^1 ergänzt. Etwa 200 Jahre später,
um 700 v. Chr., hat ein dritter Schriftsteller, E, das inzwischen mannigfachen Bearbeitungen unterworfene Werk J durch eine neue Darstellung ersetzt, die noch stärker, als es J^2 bereits getan, die Tradition
des Nordens zu ihrem Recht kommen ließ und insbesondere Überlieferungen bestimmter nördlicher Gruppen verwertete, die J^2 unberücksichtigt gelassen hatte. So wird hier nicht nur Jakob auf Kosten
Abrahams als der Repräsentant Israels herausgehoben, Hebron von
dem nach Ausweis von 1. Reg 19 3; Am 8 14 für das Nordreich bedeut-
samen Beerseba überschattet und Kadesch völlig ignoriert, sondern es
tritt nun auch der auf der Westhälfte der Sinai-Halbinsel zu suchende
Horeb als Gottesberg an die Stelle des Sinai, und der Übergang über
den Jordan vollzieht sich nördlicher, als es J^2 dargestellt hatte, nämlich
bei Adam am Einfluß des Jabbok in den Jordan, und zwar so, daß
Israel von hier aus sofort nach Sichem marschiert und dann, von Norden
nach Süden vorrückend, sich das Westjordanland unterwirft. Nachdem
auch das Werk des E mannigfache Revisionen erfahren hat, sind J
und E durch einen Redaktor, R^{je}, vereinigt worden, der in seinem Bestreben, ihre Verschiedenheiten auszugleichen, sich zu ziemlich starken
Eingriffen in die beiden Werke, namentlich hinsichtlich der von ihnen
innegehaltenen Folge der Begebenheiten, entschließen mußte.

Auf die Übersicht über die Geschichte der Hexateuch-Kritik folgt,
S. 51—417 (An Analysis of the Narrative), also die größere Hälfte

des Buches einnehmend, die literarkritische Analyse von Gen 2 4b—Ex 34;
Num 10 29—32 42; Dtn 32—34; Jos 1—Jdc 2 5. Unter Mitteilung mancher hier in Betracht kommender Textkorrekturen und Berücksichtigung auch der sich jeweilig auftuenden traditions- und sachgeschicht-
lichen Fragen wird der Text der vordeuteronomischen hexateuchischen
Erzählung Satz für Satz und Wort für Wort auf seine Zugehörigkeit
zu einem der drei »Documents« J¹, J², E oder seine Herkunft von einem
Ergänzer oder Redaktor geprüft. Das geschieht unter Zugrundelegung
des Textes der American Standard Version, so daß auch des Hebräischen unkundige Leser den Erörterungen folgen können. Wo auf den
hebräischen Text selbst zurückgegriffen werden muß, kommen die der
eigentlichen Analyse (S. 51—329) beigegebenen Anmerkungen zu Hilfe
(Notes to Analysis, S. 331—402), die auch Einzelheiten anderer Art
behandeln, und die — offenbar bewußt unvollständig gehaltenen —
Listen von Worten und Wendungen, die für die einzelnen Hexateuch-
Quellen charakteristisch sind (Lists of Hebrew Words and Forms
characteristic of Documents: Table A, Words and Expressions characteristic of J or E Documents, S. 403—409; Table B, Words and Expressions characteristic of P Document and R P, S. 410—414; Table C,
Certain Words and Phrases appealed to in the Analysis as indicative
of a Deuteronomic Hand, S. 415—417). Ein »Die Anfänge der Jahwe-
Religion« (The Beginnings of Jahwism, S. 419—425) überschriebener
Abschnitt faßt sodann, hier und da sich mit der in der »Einleitung«
gegebenen Zusammenfassung des Buches berührend, seine religionsgeschichtlichen Ergebnisse kurz zusammen: Nach der für J¹ maßgebenden Tradition der Südstämme ist Kadesch die Stätte, da die
zwischen Jahwe und Israel bestehende Verbindung ihre entscheidende
Ausprägung erfahren hat. Gewiß kennt auch diese Tradition den Sinai
als den Sitz Jahwes, und sie weiß auch von einer Wallfahrt zu sagen,
die Mose von Kadesch aus dahin unternommen hat, aber der Mittelpunkt der Jahwe-Religion ist für sie doch Kadesch. Mit Kadesch,
nicht mit dem Sinai, ist Mose von Haus aus verbunden, und in oder
bei Kadesch spielen auch alle oder doch die meisten der von J¹ für die
Zeit zwischen dem Auszug aus Ägypten und dem Vorstoß nach Palästina gebrachten Erzählungen. J², der, wie bereits nach der »Einleitung«
berichtet, die Tradition des »Hauses Joseph« mit der von J¹ berück-
sichtigten der Südstämme vereinen will und so den fünf Jakob-Söhnen
des J¹ — Ruben, Simeon, Levi, Juda und Joseph — außer Benjamin
auch Dan, Naphtali, Gad, Ascher, Isaschar und Sebulon hinzufügt,
die knappe Joseph-Erzählung des J¹ sehr stark erweitert und Israel
von Osten her über den Jordan in Palästina eindringen läßt, hat,
ebenfalls unter dem Einfluß der Tradition der Rahel-Stämme, für
Israels religionsgeschichtlichen Werdegang den Schwerpunkt von Ka-

desch zum Sinai verschoben. Der Sinai — nicht wie bei J¹ Kadesch —
war das unmittelbare Ziel der aus Ägypten ausgebrochenen Schar, und
hier am Sinai hat Jahwe mit Israel in aller Feierlichkeit einen Bund
geschlossen. Erst darnach ist das Volk gen Kadesch gezogen. Das
läßt vermuten, daß die Rahel-Stämme nicht unmittelbar unter Moses
Einfluß gestanden haben, sondern mit der von ihm geprägten Jahwe-
Religion erst nach ihrer Ansiedlung in Palästina, die sie zu Nachbarn
der Südstämme machte, in Berührung gekommen sind. Aber das Debora-
Lied zeigt, daß die Nordstämme schon vor der Berührung mit den
Südstämmen Jahwe als ihren Gott verehrten, und zwar in einer Stärke
und Innigkeit, die kaum überboten werden kann. Offenbar war, durch
gewaltige geschichtliche Ereignisse bedingt, der furchtbare Gott des
Sinai-Vulkans für sie längst zu einem Gott geworden, der sie, wie sie
wußten und fühlten, zu seinem Volk erkoren hatte und sich als ihr
Gott immer wieder bewährte. Die vom AT bezeugte Jahwe-Religion
ist also aus zwei verschiedenen, zutiefst freilich doch einheitlichen
Wurzeln erwachsen. Eine Art der Jahwe-Verehrung hat sich bei den
Vorfahren der späteren Südstämme herausgebildet. Um 1400 v. Chr.
ihre in Nordwestarabien, in der Gegend des Sinai, gelegenen Sitze ver-
lassend, sind sie in den Bereich von Kadesch übergesiedelt und haben
sich dies Heiligtum angeeignet und ihren vom Sinai mitgebrachten
Jahwe zu dessen Gott gemacht, wobei auf ihn freilich manche Züge des
früher hier verehrten Numens übertragen sind. Von Nahrungsmangel
getrieben, sind sie nach Ägypten übergetreten, aber unter Überwindung
der ihnen dabei in den Weg gelegten Hindernisse bald nach Kadesch
zurückgekehrt, und hier erhält nun durch Mose ihre Religion das für
die weitere Zukunft entscheidende Gepräge. Vielleicht von Stämmen,
die ältere Ansprüche auf Kadesch geltend machten, genötigt, haben
die Träger der von Mose geprägten Jahwe-Religion Kadesch verlassen
und, von Süden eindringend, sich den Süden Palästinas untertan gemacht. Die Vorfahren der später im mittleren Palästina ansässig gewordenen Stämme, also der »Rahel-Stämme«, wie die »Lea-Stämme«
in der Gegend des Sinai beheimatet, aber werden wie diese um 1400 v.
Chr. ihre Heimat verlassen haben und sind dann gleich über das Ostjordanland in Palästina eingedrungen, vielleicht im Zuge der von den
Amarna-Briefen bezeugten Bewegung. Dabei haben sie die Verehrung
Jahwes aus ihrer Heimat mitgebracht. Auch bei ihnen mag, wie bei den
Vorfahren der »Lea-Stämme«, eine bestimmte Persönlichkeit die Auspräg-
gung ihrer Jahwe-Religion, wie sie uns im Debora-Lied als fertiges Erzeugnis begegnet, bewirkt haben, aber es fehlt uns jede Nachricht darüber.

Nach dieser eine Synthese bietenden Darlegung über die Anfänge
der Jahwe-Religion kehrt das Buch zu der Analyse von S. 51—417
zurück und führt nunmehr die von jener Analyse festgestellten Schichten

J¹ und J² und E ihrem ganzen Bestande nach in englischer Über-
setzung vor, wobei neben gelegentlicher Wiederholung der dort für die
Aufteilung des uns vorliegenden Textes geltend gemachten Argumente
zugleich Herkunft, Art und geschichtlicher Gehalt der einzelnen Erzählungen und Nachrichten erörtert werden (The J¹ Document with
Commentary, S. 427—476; The J² Document with Commentary, S. 491
bis 580; The E Document with Commentary, S. 581—659). J¹, bei
dem zunächst sein Anteil an Ex bis Jdc 1 und dann der an Gen behandelt wird, weil jener besonders charakteristisch ist und so auch
SIMPSON den Anstoß zu seiner Untersuchung gegeben hat, nimmt hier-
bei insofern eine Vorzugsstellung ein, als sein Bestand noch einmal
und nun in der ursprünglichen Folge der Erzählungen mitgeteilt wird,
eine Maßnahme, die auch deswegen zu begrüßen ist, weil J², der ja
J¹ seiner Darstellung zugrundegelegt, dabei doch häufig Umstellungen
in dessen Text vorgenommen hat (The J¹ Document in its Original
Order, S. 477—489). Bei der Mitteilung des J²-Bestandes sind die aus
J¹ übernommenen Stücke wiederum, und zwar kursiv, abgedruckt,
so daß der J¹-Text dreimal erscheint, eine auch sonst im Buche zu
beobachtende Großzügigkeit, die sein Studium erleichtert. Zwei auf-
einander abgestimmte Indices, der eine von Sachen und Namen (Index,
S. 661—670), der andere von Bibelstellen (Index of Scripture Passages,
S. 671—677) beschließen das Buch und machen die Ausschöpfung seines
reichen, sonst nicht immer leicht übersehbaren, Inhaltes recht bequem.

II. Entstehungsanlaß des SIMPSONschen Buches

Zum Verständnis dessen, was SIMPSONs Buch eigentlich will, und damit auch zur Ermöglichung eines Urteils über seine Stelle in der Geschichte der Hexateuchkritik und über seinen Wert trägt die Beachtung seines Entstehungsanlasses wesentlich bei. Über den hat sich SIMPSON auf S. 31 f. seines Buches selbst ausgesprochen. Danach hat er die Nötigung empfunden, das auf seine Richtigkeit nachzuprüfen, was EDUARD MEYER, Die Israeliten und ihre Nachbarstämme, 1906, über die Möglichkeit, in der Tradition über den Exodus alten, zuverlässigen Stoff von jüngerem, geschichtlich weniger wertvollem zu unterscheiden, ausgeführt hat. S. 60—71 legt hier EDUARD MEYER, einer Anregung WELLHAUSENs folgend, dar, daß die älteste uns erhaltene Überlieferung, J^1, vom Sinai nichts wisse, vielmehr Israel aus Ägypten unmittelbar nach Kadesch habe ziehen lassen, und daß erst ein Späterer, J^2, die Darstellung des J^1 erweitert und den Zug zum Sinai hinzugefügt habe. Sodann zeigt er S. 72—83, daß die israelitischen Südstämme von Süden, aus der Gegend von Kadesch her, nicht von Osten über den Jordan vordringend, in ihre Sitze gelangt seien. Geographischsachliche und traditionsgeschichtliche Erwägungen sind es, die EDUARD MEYER zu dieser letzteren Erkenntnis verholfen haben, nicht etwa die literarkritische Analyse der uns vorliegenden Erzählungen. Diese — so meint EDUARD MEYER vielmehr — sind durchaus von der Vorstellung beherrscht, daß ganz Israel unter einheitlicher Führung von Osten über den Jordan in Palästina eingebrochen sei. Dem gegenüber glaubt SIMPSON auf literarkritischem Wege einen ältesten Erzählungsfaden, J^1, feststellen zu können, der nicht nur Kadesch statt des Sinai als die eigentliche Stätte des Beginns der israelitischen Jahwe-Religion nennt, sondern die Südstämme auch aus der Gegend um Kadesch, also von Süden, nicht von Osten her in ihre Sitze gelangen läßt, eine Feststellung, die zu der Beobachtung paßt, daß der wirkliche J^1 einen viel schlichteren und strafferen Erzählungsgang bietet, als EDUARD MEYER und andere es angenommen hatten, daß also viel bisher dem J^1 zugewiesener Stoff vielmehr von J^2 oder noch späteren Händen herzuleiten ist. Die an den Erzählungen von Exodus und Landnahme gewonnenen Ergebnisse haben sich dann dem Verfasser bei der Analyse der Genesis-Erzählungen bestätigt. Auch hier ließ sich von ihm ein älterer straff gespannter Erzählungsfaden, J^1, feststellen, der von J^2 benutzt und erweitert worden ist, und auch hier erwies sich J^1 als durch die Traditionen der Südstämme bestimmt, während J^2 sich von der Überlieferung des »Hauses Joseph« abhängig zeigte. Die Anregungen, die SIMPSON von EDUARD MEYERs Buch über »Die Israeliten und ihre Nachbarstämme« erfahren hat, sind mit dem Gesagten bei weitem noch nicht erschöpft; sie machen sich, von SIMPSON selbst dankbar kenntlich gemacht, auch sonst noch mannigfach bemerkbar. Zu nennen ist da vor allem die Auffassung der Patriarchen, Abrahams, Isaaks und Jakobs sowie Josephs, als kanaanäische Gestalten mythischer Art, die erst nach Israels Landnahme israelitisiert worden seien, wozu in seinem Bemühen, israelitische und kanaanäische Traditionen miteinander auszugleichen, J[1], wo nicht den Anfang gemacht, so doch kräftig mitgeholfen hat.

Wenn SIMPSON somit von EDUARD MEYER, für den laut S. VI seiner »Israeliten« die literarkritischen Untersuchungen nicht Selbstzweck, sondern nur Mittel zum Zweck, nämlich für die stoffliche und historische Kritik der Überlieferung, gewesen sind, ausgegangen ist, so hat er selbst es doch keineswegs an ernster literarkritischer Bemühung fehlen lassen, vielmehr in genauester und peinlichster Kleinarbeit die Aufteilung der vordeuteronomischen Erzählung des Hexateuch auf die drei von ihm angenommenen Fäden vorgenommen und dabei die hierher gehörigen Arbeiten von Vorgängern, darunter RUDOLF SMEND, Die Erzählung des Hexateuch auf ihre Quellen untersucht, 1912, gründlich zu Rate gezogen. Aber bei aller Anerkennung, die er SMENDs Arbeit zollt, betrachtet er die von diesem geübte Selbstbeschränkung auf die literarkritische Methode doch als einen Fehler, um so mehr, als sie in großer Einseitigkeit die Quellen-Hypothese bevorzuge und von sekundären Ergänzungen mannigfacher Art wenig wissen wolle, und hält ihm S. 31 dies vor: »Die stetige und kräftige Ausweitung, der die Tradition auch nach ihrer ersten schriftlichen Fixierung unterworfen gewesen ist, hat er kaum berücksichtigt und so auch nicht zu erkennen vermocht, in welchem Ausmaß dieser Prozeß politische und religiöse Entwicklungen widerspiegelt und durch sie veranlaßt worden ist. Seine Analyse war also eine rein literarische Verrichtung«. Damit stellt sich SIMPSON mehr auf EDUARD MEYERs als auf SMENDs Seite und weist stillschweigend das herbe Urteil zurück, das SMEND auf S. 6 seines Buches von 1912 über EDUARD MEYERs Arbeiten zur Hexateuch- Kritik gefällt hatte.

SIMPSONs Zwischenstellung zwischen EDUARD MEYER und SMEND mit stärkerer Hinneigung zu dem ersteren bedeutet, daß er einerseits in Erfüllung der Forderung, die SMEND auf S. 9 seines Buches aufgestellt hat, um »eine umfassende und überall gleichmäßig eindringende Untersuchung des ganzen« Hexateuch bemüht ist, dabei die Quellen-Hypothese zugrundelegend, aber in viel höherem Grade als SMEND mit sekundären Ergänzungen aller Art rechnend, anderseits im Gefolge EDUARD MEYERs über die literarkritische Untersuchung hinaus die Tradition der literarischen Stoffe zu erhellen und sie als Niederschlag bestimmter geschichtlicher Vorgänge und Entwicklungen zu begreifen trachtet. Das gilt es im einzelnen näher darzulegen.

III. Synoptische Übersicht über die von SIMPSON angenommenen drei vordeuteronomischen hexateuchischen Erzählungsfäden

Von Umfang und Art der durch SIMPSONs Analyse aus Gen 1 1 bis Jdc 2 5 herausgeschälten drei vordeuteronomischen Erzählungsfäden J¹, J² und E vermag wohl eine synoptische Übersicht über die an sie gewiesenen Stücke, die durch Nennung der jeweiligen Kapitel und Verszahlen und durch kurze Inhaltsangaben kenntlich gemacht werden, am ehesten eine einigermaßen zutreffende Vorstellung zu vermitteln. Wo in der im folgenden gebotenen Synopse eckige Klammern erscheinen, wird damit angedeutet, daß das so kenntlich gemachte Erzählungsstück für den betreffenden Faden zu ergänzen ist. Weiter will beachtet sein, daß bei der Nennung der zu den einzelnen Fäden gehörenden Abschnitte immer nur die jeweilig in Betracht kommenden Verse genannt sind, aber auf die Kenntlichmachung der nicht seltenen Fälle, wo in Wahrheit nur ein Teil des betreffenden Verses hierher gehört, so gut wie immer verzichtet ist. Schließlich die Bemerkung, daß die von J² aus J¹ übernommenen Stücke durch Kursivdruck der jeweiligen Verszahlen hervorgehoben sind und daß bei ihnen, die ihrem Inhalt nach ja in der J¹-Spalte kurz charakterisiert sind, auf die Hinzufügung stichwortartiger Inhaltsangaben verzichtet ist.

J¹	J²	E
[Schöpfung des Menschen]	Gen 2, 4. 7. 8. 6. 18. 21–23. 16. 17. 25; 3, 1–14. 16. 17. 19. 23: Paradies und Sündenfall	
Gen 4, 25. 26. 1. 17. 19–22: Set, Kain, Lamech mit Jabal, Jubal, Tubal u. Naama	4, *25. 26*: Enosch. *1.* 2–12. 16: Kain und Abel, *17.* 18: Henoch. *19–22*	
5, 28. 29: Noahs Geburt [Noah der erste Ackerbauer]	5, *28. 29*; 6, 5–8; 7, 1–5. 10. 7. 16. 12. 17. 23; 8, 6. 2. 3. 6. 8–13. 20–22: Sintflut	
9, 20–25: Verfluchung Kanaans. 10, 8: Kusch zeugt Nimrod	9, *20–25* 10, 15: Kanaan zeugt Sidon und Heth [Japheth zeugt Kusch und Mizraim] *8. 10*: Babel. 21: Sem zeugt Eber. 25: Eber zeugt Peleg und Joktan	

J¹	J²	E
6, 2: Engelehen		
11, 4—6. 8: Turmbau zu Babel	11, 2: Ankunft in Sinear. 4—6. 8; 6, 1: Vermehrung der Menschen. 2	
[Genealogie Abrahams]	[Genealogie von Peleg zu Terach]	
	11, 28—30: Tod Harans. Sara. Milka. Sara unfruchtbar	
12, 1. 4. 6—8: Auswanderung Abrahams mit Lot. Bau eines Altars in Sichem und Bethel	12, 1. 2—3: Segnung Abrahams. 4. 6—8	[Abrahams Berufung]
	12, 9—13, 1: Gefährdung der Sara in Ägypten	
13, 2. 5. 7—13. 18: Lot zieht nach Sodom. Abraham nach Mamre	16, 1. 2. 4—8. 11. 12: Austreibung der Hagar [Geburt Ismaels]. 25, 18: Ismaels Wohngebiet. 13, 2. 3: Abrahams Zug aus dem Negeb nach Bethel. 5. 7—13. 18	Gen 16, 13—14: Dank der Sara für Verheißung eines Sohnes in Beerlahajroi
18, 1—9: Besuch von drei Männern bei Abraham in Mamre 18, 22: Aufbruch der Männer nach Sodom 19, 1—13. 16. 24. 27. 28. 30 bis 38: Zerstörung Sodoms. Geburt Moabs und Ammons	18, 1—9. 10—15: Verheißung eines Sohnes an Sara. 16. 20. 21: Aufbruch der Männer nach Sodom in Abrahams Begleitung. 22. 33: Abrahams Umkehr 19, 1—13. 16. 24. 27. 28. 30—38	
20, 1: Abraham zieht in den Negeb 21, 1. 2. 6: Sara gebiert Isaak	20, 1 21, 1. 2. 6 21, 25. 26. 28—33: Streit um Brunnen zwischen Abraham und Abimelech von Gerar. Abraham sichert sich Beerseba und pflanzt hier einen heiligen Baum	20, 1—9. 11. 12. 14—16: Gefährdung der Sara durch Abimelech von Gerar. 21, 22—24. 27. 31: Abraham läßt sich durch Abimelech Beerseba zusichern 21, 6: Geburt Isaaks
		21, 8—10. 14—21: Austreibung der Hagar und Ismaels 22, 1—14. 19: Isaaks Opferung

J¹	J²	E
	22, 20: Nachkommen Nahors. 24, 1; 25, 5. *11*; 24, 2 bis 4. 7. 9–20. 22–24. 26 bis 28. 31–38. 40. 42–54. 59. 61–67: Werbung um Rebekka	24, 1–3. 5. 6. 8. 10–12. 14. 15. 21. 27. 22. 23. 25. 29–32. 39–42. 47. 48. 50. 57. 58. 60. 55. 56. 61. 64. 67: Werbung um Rebekka
25, 11: Isaaks Wohngebiet 26, 1–3. 6–11: Gefährdung der Rebekka durch Abimelech von Gerar 26, 12–14. 16–17. 19–23. 25–33: Streit um Brunnen zwischen Abimelechs und Isaaks Hirten, Bund zwischen den beiden. Beerseba	26, *1–3. 6–11* 26, *12–14. 16–17. 19–23.* 24: Jahwe erscheint dem Isaak in Beerseba und segnet ihn. **Altarbau** *25–33*	
25, 21: Schwangerschaft der Rebekka 25, 24–26: Geburt Jakobs und Esaus 25, 27. 29–34: Esau verkauft sein Erstgeburtsrecht an Jakob	25, *21.* 22–23: Orakel über Geburt streitbarer Zwillinge. 25, *24–26* 25, *27.* 28: Esau Isaaks, Jakob der Rebekka Liebling. *29–34* 27, 2–5. 15. 18–20. 25 bis 27. 29–33. 36. 33. 34. 41. 43: Jakob erschleicht sich Isaaks Segen und flieht	27, 1. 4. 6–14. 16–18. 21 bis 23. 28–31. 35–45: Jakob erschleicht sich Isaaks Segen und flieht
	28, 10. 13. 15. 16. 19: Jahwe erscheint dem Jakob in Bethel	28, 10–12. 17. 18. 20–22: Jakob träumt in Bethel von der Himmelsleiter und errichtet hier eine Mazzebe
29, 1. 2. 7–10. 12–14: Jakobs Ankunft im Ostland bei Laban [Jakob wirbt um Rahel] 29, 26: Laban lehnt ab [Jakob heiratet Lea und Rahel]	29, *1. 2.* 3–6: Jakob erkundigt sich nach Laban. 7 bis *10.* 11: Jakob küßt Rahel *12–14* [Jakob wirbt um Rahel] 29, *26* [Jakob heiratet Lea und Rahel].	29, 13: Laban küßt Jakob 29, 15–23. 25. 27–28. 30: Jakob erhält nach siebenjährigem Dienst Lea und zugleich Rahel, um die er weitere sieben Jahre dem Laban dienen muß
29, 31–35: Lea gebiert Ruben, Simeon, Levi und Juda 30, 21; 29, 35: Zuletzt gebiert Lea die Dina 30, 22–24: Rahel gebiert den Joseph	29, *31–35* 30, 1. 3. 9. 13. 20. 14–16: Bilha gebiert Dan und Naphtali. Silpa gebiert Gad und Ascher. Lea gebiert Sebulon und Ischsakar 30, *21–24*	30, 1–8. 10–13. 17–20. 22 bis 23: Bilha gebiert Dan und Naphtali. Silpa gebiert Gad und Ascher. Lea gebiert Ischsakar und Sebulon. Rahel gebiert Joseph

J¹	J²	E
30, 29–32. 34–40. 43: Jakob verschafft sich durch eine List großen Herdenbesitz	30, 25. 27: Jakob bittet Laban um Entlassung. *29–32. 34–40.* 41–42: Gebrauch der List nur bei starken Tieren. *43*	30, 26. 28. 32–34: Jakob bittet Laban um seine Entlassung, trifft mit ihm eine Vereinbarung über seinen Lohn [der ihm trotz Labans Unzuverlässigkeit durch Gottes Hilfe auch zuteil wird]
31, 1: Mißgunst der Söhne Labans auf Jakob	31, *1.* 3: Jahwe befiehlt Jakobs Rückkehr	31, 2. 13: Laban stellt sich unfreundlich zu Jakob. Gott befiehlt ihm die Rückkehr 31, 4–7. 14–16: Jakob versichert sich des Einverständnisses mit der Lea und der Rahel
31, 19: Rahel stiehlt die Teraphim. 21: Jakob flieht mit seinem Besitz 31, 22. 23. 25. 26. 30. 34. 32. 33. 35: Laban holt Jakob auf dem Gebirge ein und sucht vergeblich nach den Teraphim	31, *19.* 20: Jakob stiehlt sich davon. *21* 31, *22. 23. 25. 26. 30. 32* bis *35.* 36–40: Jakob schilt Laban ob des ihm zugetrauten Diebstahls und ob der unerfreulichen Haltung während seines 20jährigen Dienstes	31, 17–18: Jakob bricht mit Familie und Vieh auf 31, 21. 23. 27. 26. 28. 31. 36. 41–43: Laban holt Jakob auf dem Gebirge Gilead ein und macht ihm Vorwürfe wegen seiner heimlichen Flucht, die Jakob mit Beschwerden über unzulängliche Anerkennung seines 20jährigen Dienstes erwidert
31, 44. 46. 51. 52. 48; 32, 1: Vereinbarung bei einem Gal'ed benannten Steinhaufen	31, *44. 46. 51. 52.* 53: Anrufung des Gottes Abrahams und des Gottes Nahors. *48;* 32, *1*	31, 44. 45. 49. 50. 53–54; 32, 1: Vereinbarung unter Aufrichtung einer Mizpa benannten Mazzebe
	32, 4–9: Jakobs Vorbereitungen für die Begegnung mit Esau 32, 24. 25. 13 Jakob schafft alles über den Fluß und bleibt allein zurück	32, 2–3: Mahanaim. 14 bis 23: Jakobs Vorbereitungen für die Begegnung mit Esau
32, 25–30. 32: Ringkampf Jakobs bei Penuel. Umnennung Jakobs in Israel	32, *25–30. 32* 33, 1–4. 6–16: Israels Begegnung mit Esau. Esaus Abzug nach Seir	32, 31: Peniel 33, 4. 5. 10. 11: Jakobs Begegnung mit Esau
	36, 10: Esaus Söhne 33, 17: Sukkoth [Übergang über den Jordan, Ankunft in Sichem] 33, 19: Israel erwirbt hier ein Grundstück	33, 17: Sukkoth [Eroberung Sichems durch Jakob] 33, 20: Errichtung einer 'El Elohē Jisraēl' benannten Mazzebe in Sichem
		35, 1–7 Zug nach Bethel und Errichtung eines Altars 35, 16. 18–20 Geburt Benjamins. Tod der Rahel

J¹	J²	E
35, 21–22: Rubens Umgang mit Israels Kebsweib		
34, 2. 3. 2. 5. 7. 11–14. 19. 25–26: Simeon und Levi nehmen an einem Horiter Rache für die Schändung ihrer Schwester Dina 38, 1–20. 22–30: Juda und Thamar		
37, 3–4: Haß der Brüder auf Joseph 37, 26–28: Verkauf Josephs an Ismaeliter	37, *3–4. 5–8. 12–17. 19* bis 21. 25: Plan der Brüder, den Träumer Joseph zu töten. Vorbeikommen einer ismaelitischen Karawane. *26. 27. 23. 28. 31–35*: Benachrichtigung Israels von Josephs Tod	37, 2. 9–11. 13. 14. 18. 22 bis 24. 28–30. 34. 36: Josephs Traum. Neid der Brüder, die ihn in eine Zisterne werfen, Midianiter ziehen ihn heraus und verkaufen ihn an den Ägypter Potiphar
39, 1. 4: Ein Ägypter kauft Joseph und macht ihn zum Aufseher über sein Haus	39, *1*	
	35, 17: Benjamins Geburt 35, *21–22*	
	34, *2. 3. 2. 5. 7. 11–14. 19. 25–26.* 30–31: Vorwurf Israels gegen Simeon und Levi	
	38, *1–20.* 21: Frage von Judas Boten nach der Kedesche. *22–30*	
39, 7. 11. 12. 16–18. 20: Joseph wird, von der Frau seines Herrn verleumdet, ins Gefängnis geworfen	39, 2–3. *4.* 5: Joseph und sein Dienst von Jahwe gesegnet. 7. 8–10: Josephs Keuschheit. *11. 12.* 13–15: Intriguen des Weibes. *16* bis *18.* 19: Wut des Ägypters. *20*	39, 6. *4*: Joseph, schön von Aussehen, wird des Oberscharfrichters Potiphar Leibdiener
40, 1. 3. 5. 6. 14: Joseph deutet dem Mundschenk und dem Bäcker des Königs, seinen Mitgefangenen, ihren Traum und erbittet ihre Fürsprache	40, *1. 3. 5. 6. 14.* 15: Josephs Unschuld. 20: Pharaos Geburtstag	40, 1–5. 7–23: Joseph deutet dem Obermundschenk und dem Oberbäcker des Pharao, die seinem Herrn als Gefangene übergeben sind, ihre Träume, wird aber von dem wieder in sein Amt eingesetzten Obermundschenk vergessen
[Josephs Erhöhung]	41, 5–7. 14. 22–24. 21. 26. 27. 31. 32. 34–36. 38. 41. 43. 45. 48. 49: Joseph deutet Parao seinen Traum von den fetten und mageren Ähren und wird hoch geehrt	41, 1–4. 8–21. 24–30. 32 bis 37. 39–40. 42. 49: Joseph deutet Pharao seinen Traum von den fetten und mageren Kühen und wird hoch geehrt.

J¹	J²	E
	41, 51: Geburt von Manasse und Ephraim	41, 50–52: Geburt von Manasse und Ephraim
[Hungersnot in Kanaan]	41, 53–55: Die Notzeit beginnt 47, 15–17: Die Ägypter verkaufen ihr Vieh gegen Getreide 41, 56: Hungersnot auf der ganzen Erde	41, 56: Hungersnot in Ägypten 47, 14. 18–21: Die Ägypter geben für Brot ihr Geld, ihr Land und ihre Freiheit her
	42, 2–4. 6. 7. 9–12: Israel sendet seine Söhne zum Einkauf von Getreide nach Ägypten. Joseph erkennt seine Brüder, gibt sich aber nicht zu erkennen	42, 1. 8. 9. 7. 9. 11. 13–26: Jakob sendet seine Söhne nach Ägypten. Joseph befiehlt ihnen unter Zurückbehaltung Simeons, Benjamin mit herzubringen
	42, 27–28: Auf dem Rückweg entdecken die Brüder ihr für das Getreide bezahltes Geld in ihren Säcken	
		42, 29–34. 36. 37: Die Brüder teilen Jakob dieses Verlangen mit
43, 11. 13. 15–17. 24. 26: Israel sendet seine Söhne zum Einkauf von Getreide nach Ägypten. Joseph bewirtet sie	43, 1. 2; 42, 38; 43, 3–10: Nach Verbrauch des aus Ägypten geholten Getreides sendet Israel seine Söhne einschl. Benjamins wiederum dahin. *11.* 12: Mitnahme des in den Säcken gefundenen Geldes. *13.* *15–17*	43, 14: Jakob läßt Benjamin mitziehen [Die Söhne Jakobs begeben sich zum zweiten Male nach Ägypten]
	43, 18–23: Entschuldigung der Brüder wegen des in den Säcken gefundenen Geldes. *24. 25. 26.* 27–34: Den Brüdern sind ihrem Alter entsprechende Plätze angewiesen, und Benjamin wird besonders ausgezeichnet	43, 23 Joseph gibt Simeon frei
	44, 1–34: Josephs Becher in Benjamins Sack, Judas Bitte, ihn als Sklaven zu behalten, Benjamin aber zu seinem alten Vater zurückkehren zu lassen	
45, 1. 4. 9. 24: Joseph gibt sich seinen Brüdern zu erkennen und heißt sie, ihren Vater herzuholen	45, *1. 4.* 5–7: Joseph beruhigt seine Brüder. *9. 10.* 13: Josephs Botschaft an seinen Vater. 14: Joseph fällt Benjamin um den Hals. *24*	45, 2. 3. 8. 12. 15–18. 21 bis 23: Joseph gibt sich seinen Brüdern zu erkennen, weist sie auf Pharaos Geheiß an, ihren Vater zu holen, und gibt ihnen für sie und für den Vater reiche Geschenke mit

2*

J[1]	J[2]	E
45, 25: Aufbruch der Brüder aus Ägypten	45, *25*	45, 24–27: Die Brüder berichten ihrem Vater
45, 28: Israel zum Zug nach Ägypten bereit	45, *28*	46, 1. 5: Jakob opfert in Beerseba dem Gott seines Vaters Isaak und zieht nach Ägypten
46, 1: Israels Aufbruch nach Ägypten	46, *1*	
	46, 28–30: Israels und Josephs Begegnung	
	47, 1–3. 5. 6. 27: Pharao weist Israel und seiner Familie Gosen zu	
47, 29–31: Joseph schwört Israel die Bestattung in Kanaan zu	47, *29–31*	
	[Joseph meldet seinem Vater Manasse und Ephraim.] 48, 2. 9. 10. 13. 14. 17–20: Israel segnet Ephraim mit der rechten und Manasse mit der linken Hand	48, 1. 2. 21. 22. 8–11. 15.16. 12. 20: Jakob sichert Joseph Sichem zu und adoptiert Ephraim und Manasse
[Israels Tod] 50, 7. 10. 14: Joseph bestattet Israel in Kanaan	49, 33; 50, 1: Israels Tod. 50, 2–6: Pharao gestattet Israels Bestattung in Kanaan. 7. 10. 11: Abel-Mizraim. *14*	[Jakobs Tod] 50, 2–3: Einbalsamierung Jakobs
	50, 18. 21: Joseph beruhigt seine Brüder	50, 15–17. 19–21: Joseph beruhigt seine Brüder
50, 24. 26: Joseph verheißt seinen Brüdern die Rückkehr aus Ägypten und stirbt	50, *24.* 25: Joseph verpflichtet seine Brüder zur Mitnahme seiner Gebeine. *26*	50, 22–24: Joseph erlebt Ururenkel und kündigt seinen Tod an
Ex 1, 7–10. 15–19: Vereitelung des Anschlages gegen den männlichen Nachwuchs der Israeliten	Ex 1, 7–10. 11–12: Trotz Zwangsarbeit für Pithom und Ramses Zunahme des Volkes. *15–19.* 20: Gott belohnt die Hebammen	Ex 1, 10–12: Trotz harter Fronarbeit nehmen die Israeliten zu. 22: Pharaos Befehl, ihre neugeborenen Söhne in den Fluß zu werfen
2, 1–2: Geburt eines Sohnes aus dem Stamme Levi	2, *1–2.* 3. 5. 6. 10: Das Kind wird von der Mutter in einem Rohrkästchen dem Nil anvertraut, dort von einer badenden Frau gefunden und Mose benannt	2, 3–10: Das von der Mutter am Ufer des Nil hingelegte Kind wird von der Pharaotochter gefunden, die seine Mutter als Amme bestellt und es dann als ihr Kind annimmt
2, 11–15: Mose erschlägt einen Ägypter und flieht nach Midian	2, *11–15.* 16–20: Mose hilft den Töchtern des midianitischen Priesters beim Tränken des Viehs	2, 15: Pharao erfährt Moses Herkunft und sucht ihn zu töten, Mose flieht [auf die Sinaihalbinsel in die Gegend des Horeb]
2, 21–22: Mose heiratet die Tochter eines Midianiters, Zippora, und erhält von ihr einen Sohn	2, *21–22*	[Mose heiratet die Tochter Jethros und erhält von ihr einen Sohn] 18, 3: Gerschom. [Einen zweiten] 18, 4: Elieser

J¹	J²	E
2, 23: Tod des Königs von Ägypten	2, 23	
4, 19–20: Auf Jahwes Befehl kehrt Mose mit Weib und Kind nach Ägypten zurück		4, 18: Mose nimmt zum Besuche seiner Brüder in Ägypten Abschied von Jethro
4, 24–26: Überfall Jahwes auf Mose. Beschneidung		
3, 16. 7. 17–22: Jahwe beauftragt Mose, vom König die Beurlaubung Israels zur Feier eines Festes in der Wüste zu fordern, und weist die israelitischen Frauen an, sich von ihren Nachbarinnen silberne und goldene Geräte und Kleidung zu leihen	3, 1–5. 7. 8. 9. 16–22: Jahwe erscheint Mose im Dornbusch und beauftragt ihn, Israels Ältesten mitzuteilen, daß er Israel ins gelobte Land führen wolle	3, 1. 4. 6. 9–14; 4, 17. 20: Am Gottesberg erscheint Gott dem Mose, beauftragt ihn mit der Herausführung Israels aus Ägypten, teilt ihm seinen Namen Jahwe mit und gibt ihm einen Wunderstab in die Hand
	4, 10–12: Jahwe verheißt Mose seine Hilfe beim Reden 4, 18: Mose kehrt zurück. 19–20. 24–26 4, 29. 31: Die Ältesten nehmen Moses Mitteilung fromm u. dankbar entgegen	
5, 3–4: Ablehnung der Bitte um Beurlaubung durch den König	5, 3–4. 6–8. 10–12: Erschwerung der Fronarbeiten für die Israeliten	5, 1. 2. 5. 9: Pharao lehnt Moses Bitte, das Volk zu einer Feier in die Wüste ziehen zu lassen, ab und ordnet Erschwerung ihrer Arbeit an
	6, 1: Jahwe kündigt Zwangsmaßnahmen gegen den Pharao an, die ihn zum Nachgeben bestimmen werden	6, 1: Pharao wird Israel möglichst schnell los werden wollen
	7, 15–17; 8, 2–4. 8–10. 12 bis 15: Froschplage	7, 15. 17. 20. 23: Verwandlung des Nilwassers in Blut
	8, 20–32: Mückenplage	
9, 13; 10, 4–5. 13. 15–19: Heuschreckenplage	9, 13; 10, 3. 4–5. 6–11. 13. 14. 15–19: Heuschreckenplage	9, 22–24. 26. 35: Hagelplage 10, 12–15. 20: Heuschreckenplage
		10, 21–23. 27: Finsternisplage
	10, 24–26. 28–29; 4, 22 bis 23; 11, 8: Mose kündigt Pharao die Tötung seines Erstgeborenen an	11, 1–2: Ankündigung eines letzten furchtbaren Schlages gegen Pharao. Anweisungen an die Israeliten, sich von den Nachbarn silbernen und goldenen Schmuck zu leihen

J¹	J²	E
	12, 32: Pharao gestattet den Israeliten, mit ihrem Vieh abzuziehen	
12, 35–36: Die Israeliten leihen sich von den Ägyptern silberne und goldene Geräte und Kleider [Die Israeliten verlassen Ägypten]	12, *35–36* 12, 37–38: Die Zahl der abziehenden Menschen und Tiere ist sehr groß	12, 35–36: Die Israeliten leihen sich von den Ägyptern silbernen und goldenen Schmuck 11, 3: Mose in hohem Ansehen bei den Ägyptern 12, 31. 34. 39: Pharao entläßt das Volk bei Nacht, so daß es den Teig in ungesäuertem Zustand mitnehmen muß
	13, 19: Mose nimmt Josephs Gebeine mit	
13, 21: Jahwe begleitet Israel als Rauch- und Feuersäule	13, *21*. 22 14, 2: Israel lagert sich am Meer	14, 2: vor Baalzephon
14, 5–6: Der König verfolgt das Volk	14, *5–6*. 9: holt sie am Meer ein 10. 13–14: Mose ermutigt das erschreckte Volk	14, 3. 7: Pharao verfolgt die Israeliten 14, 10: Die Israeliten schreien zu Jahwe 14, 16: Befehl Gottes an Mose, seinen Stab zu erheben
14, 19–20: Die Wolkensäule tritt hinter Israels Nachhut. Die ganze Nacht bleiben die beiden Heere ohne Berührung	14, *19–20*	14, 19–20: Der Engel Gottes stellt sich zwischen das ägyptische und das israelitische Heer
14, 21. 24. 27. 28; 15, 20 bis 21: Das während der Nacht durch einen Ostwind aus seinem Bett gebrachte Meer flutet am Morgen dahin zurück u. verschlingt die bestürzt fliehenden Ägypter. Mirjams Triumphlied	14, *21. 24. 25*: Jahwe hemmt die Wagen der Ägypter. *27. 28*; 15, *20–21*	
15, 22: Drei Marschtage in der Wüste	15, *22. 23. 25*: Mose macht das bittere Wasser von Mara süß. [Feier des Passahfestes] 15, *25* 15, 27: Lager in Elim	15, 27: Lager in Elim
17, 1–2. 5–7: Jahwe schlägt in Meriba Wasser aus dem Felsen, [Feier des Passahfestes] 15, 25: Erlaß von Ordnungen durch Mose und Erprobung (Massah) des Volkes		17, 3–6 Mose schlägt auf Jahwes Geheiß am Horeb Wasser aus dem Felsen

J¹	J²	E
16, 4. 13–15. 21: Gabe des Manna	16, *4. 13–15. 21*. 29. 27. 35: Der siebte Tag ohne Manna bis zur Ankunft in Kanaan	
19, 18: Herabfahrt Jahwes auf den Sinai. Der Berg raucht und bebt	19, 12: Warnung des Volkes, dem Berg zu nahe zu kommen	19, 2. 3. 10. 11. 14: Auf Gottes Geheiß heiligt Mose das am Berge lagernde Volk
32, 26–29: Bestallung der Leviten als Lohn für das in Moses Auftrag von ihnen am aufrührerischen Volk in Kadesch vollstreckte Strafgericht	19, *18*. 20. 24. 25; 32, 25: Während Mose auf dem Berge weilt, vergeht sich das Volk. Mose steigt herab. 32, *26–29*	19, 16. 17. 19; 20, 18–21: Auf Bitten des ob der Epiphanie Gottes erschreckten Volkes tritt Mose allein heran, Gottes Worte zu hören
	34, 1–5. 10. 14. 17–19. 22. 25–27; 19, 7: Jahwe teilt dem auf den Sinai gestiegenen Mose zehn Gebote als Grundlage des mit dem Volke zu schließenden Bundes mit, und Mose legt sie den Ältesten vor	20, 1. 3. 4. 7. 8. 12–17: Die zehn Gebote
	24, 1. 9. 11: Auf Jahwes Geheiß steigen Mose und die Ältesten zu ihm empor und halten vor ihm ein Mahl	24, 3–8: Mose teilt dem Volke diese Gebote mit u. weiht, als es sich einverstanden erklärt, durch eine Blutzeremonie den auf ihrer Grundlage von Jahwe mit dem Volk geschlossenen Bund
		24, 12–15. 18; 31, 18: Mose steigt mit Josua zur Entgegennahme der von Gott beschriebenen Steintafeln auf den Berg, nachdem er Aron und Hur mit seiner Vertretung beauftragt hat, weilt 40 Tage und 40 Nächte oben u. empfängt dann die Tafeln 32, 1–6. 15. 17–20: Verehrung des durch Aron angefertigten Stierbildes. Empört zerschmettert Mose die Steintafeln und zerstört das Stierbild 33, 3–4: Jahwe weigert sich, das Volk zu begleiten. Trauer des Volkes darob
		18, 1–3. 5–7. 9–11. 14–24. 27: Jethro bringt Zippora und ihre beiden Söhne zu Mose an den Gottesberg, berät ihn bei der Einsetzung von Rechtswaltern und kehrt in sein Land zurück

J¹	J²	E
		Num 10, 33: Die Lade Jahwes führt das Volk
	33, 7: Das Offenbarungszelt außerhalb des Lagers	Ex 33, 7–11: Moses kultischer Dienst im heiligen Zelt
	Num 10, *29*. 30–32: Mose bittet Hobab ben Reʻū'ēl, sie durch die Wüste zu begleiten, und verspricht ihm großen Lohn Num 10, 33: Drei Tagesmärsche vom Berge Jahwes Ex 17, *1–2. 5–7*: Massa und Meriba	Num 11, 16. 17. 24. 25: Geistbegabung der Ältesten
Num 11, 1. 3: Tabʻera Num 11, 4. 10. 11. 13. 16. 18. 24. 31. 32: Wachtelgabe	Num 11, *1. 2. 3*: Tabʻera Num 11, *4*. 5. 6. *10. 11. 13. 16. 18*. 21–23. *24. 31. 32*	
Num 12, 1. 2. 9. 4. 7. 8. 10. 13–15: Mirjam, die sich gegen Mose aufgelehnt hat, wird aussätzig	Num 12, *1. 2. 9. 4. 7. 8. 10. 13–15*	Num 12, 2. 3. 5–12. 14: Mirjam, die Moses einzigartige prophetische Autorität bestritten hat, wird aussätzig
		Ex 17, 9–13. 15–16: Josuas Sieg über Amalek
	Ex 18, 5. 8. 10. 12–19. 21 bis 24: Moses Schwiegervater, der Priester von Midian, besucht ihn in Kadesch und berät ihn bei der Einsetzung von Rechtswaltern	
Num 20, 1: Aufenthalt des Volkes in Kadesch. Mirjam stirbt hier		
Num 13, 17–19. 22. 26 bis 28. 30: Aussendung von Kundschaftern nach Kanaan; ihr Bericht	Num 13, *17–19*. 20. 22. 23. *26–28*. 29 Num 14, 1. 3: Mutlosigkeit des Volkes 13, *30*: Zuversicht Kalebs. 13, 31: Verzagtheit der anderen Kundschafter	Num 13, 17. 19. 20. 23. 24. 26. 29. 33; 14, 1. 4. 25: Aussendung von Kundschaftern; ihr Bericht. Verzweiflung des Volkes. Befehl Gottes, auf dem Weg zum Roten Meer in die Wüste zu marschieren
Num 10, 29: Moses Aufforderung an Kain, Israel in das gelobte Land zu begleiten 21, 1–2: Die Kanaaniter des Negeb greifen Israel an. Israel gelobt für den Fall des Sieges über sie die Bannung ihrer Städte	21, *1–2*	

J¹	J²	E
	20, *1*	Num 14, 39–42. 44. 45: Besiegung der Israeliten durch die Amoriter; Verfolgung bis Horma ('Bannung')
		21, 4–9: Schlangenplage. Errichtung der ehernen Schlange
	20, 14–17. 21. 20. 21; 21, 4: Edom lehnt Moses Durchmarsch-Gesuch ab, so daß Israel Edoms Gebiet umgehen muß	20, 19–20: Edom lehnt Israels Durchmarsch-Gesuch ab
	16, 1. 2. 12. 25. 27–31. 33. 34: Die Rubeniten Dathan und Abiram lehnen sich gegen Mose auf und werden vom Erdboden verschlungen	
		Dtn 10, 6–7; Num 21, 12 bis 20: Stationen von Beeroth-Jaakan bis zum Pisga
		Num 21, 26–30. 23–25: Besiegung Sihons von Hesbon
	22, 3–7. 11. 17. 22. 27–32. 34. 35. 37. 39. 40; 23, 28; 24, 1–11. 14–17. 25: Der vom Moabiter-König Balak zur Verfluchung Israels herbeigeholte Bileam muß es segnen	22, 2. 3. 5–10. 12–21. 36. 38. 41; 23, 1–7. 9–14. 16 bis 21. 24–25: Der vom Moabiter-König Balak zur Verfluchung Israels herbeigeholte Bileam muß es segnen
	25, 1–4: Hinrichtung der Obersten des Volkes wegen ihres Umgangs mit Moabiterinnen und deren Gottheiten	25, 3. 5: Tötung der Verehrer des Baal-Peor
	32, 1–2. 5–6. 20–23. 25. 27. 33. 29–31: Mose weist den Gaditen und Rubeniten unter der Bedingung, daß sie den Bruderstämmen beim Kampf ums Westjordanland Waffenhilfe leisten, Sitze im Ostjordanland an	32, 1. 16. 4. 16. 17. 33. 24. 34. 37. 34. 36: Mose weist den Gaditen und Rubeniten gegen das Versprechen, den Bruderstämmen beim Kampf ums Westjordanland zu helfen, Sitze im Ostjordanland an
		Ex 23, 20. 22. 25–27. 31: Jahwe verspricht dem Volke, falls es folgsam ist, die Hilfe seines Engels

J¹	J²	E
		Dtn 27, 2; 11, 29–30; 27, 5–8: Mose gibt Anordnungen für den Übergang über den Jordan und befiehlt den Bau eines Altars auf dem Garizim
	Dtn 31, 14–15. 23: Jahwe kündigt Moses Tod an und bestellt Josua zu seinem Nachfolger	
	34, 1. 4. 6: Mose stirbt auf dem Nebo	34, 1. 4. 5. 6. 10: Mose stirbt auf dem Pisga
		Jos 1, 1–2. 10–11: Jahwe befiehlt Josua, den Jordan zu überschreiten, und Josua bereitet den Übergang für den dritten Tag vor
	Jos 2, 1. 8. 3–9. 12–14. 20. 21. 15. 16. 22. 23: Die Dirne Rahab verbirgt israelitische Spione in ihrem Hause in Jericho und erhält von ihnen das Versprechen, daß sie und ihre Familie von den Israeliten bei der Eroberung der Stadt geschont werden würden	
	3, 1. 5. 14. 16; 4, 8: Durchschreitung des wasserlosen Jordanbettes in der Höhe von Jericho. Aufstellung von zwölf aus dem Jordan aufgehobenen Steinen am Rastort	3, 2. 3. 6. 15. 16; 4, 4. 5. 8. 10. 11: Als am dritten Tage die Träger der Lade an den Jordan kommen, bleibt der Strom bei Adam stehen. Josua befiehlt zwölf Männern, je einen Stein aus dem Jordanbett aufzuheben. Die Lade vollzieht als letzte den Übergang
	5, 13–14: Josua erlebt die Erscheinung eines Mannes mit gezücktem Schwert	
	6, 4. 10. 11. 15. 16. 20. 22 bis 24: Nach sechsmaliger lautloser Umkreisung der Mauer von Jericho durch die Israeliten stürzt sie bei der siebten unter Geschrei vollzogenen Umkreisung zusammen. Rahab und ihre Familie werden gerettet, die Stadt verbrannt	

J^1	J^2	E
	7, 6. 10. 11. 13–26: Achans Diebstahl. Verbrennung Achans im Tale Achor und Errichtung eines Steinhaufens über seiner Asche	
	7, 2–5; 8, 3–6. 8. 9. 11. 13. 14. 16. 17. 19. 21. 23. 24. 29: Nach einem gescheiterten Unternehmen gegen die Stadt wird Ai von Josua durch eine Kriegslist genommen. Errichtung eines Steinhaufens über der Leiche des Königs von Ai	
	9, 3–6. 6. 7. 12. 13. 14. 15. 14. 16. 22. 23. 26: Die Gibeoniten erschleichen ein Bündnis mit Israel, werden aber von Josua zu Kultsklaven degradiert	
	10, 2. 5–7. 9–11. 14. 16–24. 26. 27: Josua schlägt fünf kanaanäische Könige, die Gibeon angegriffen haben, und wirft ihre Leichname in die Höhle von Makkeda	
		24, 1–11. 14–16. 18. 25: Nach einem Rückblick Josuas auf Jahwes Wohltaten an Israel entscheidet sich das Volk in Sichem zum alleinigen Dienst Jahwes, und Josua schließt hier mit dem Volke einen Bund
		8, 30–34: Josua errichtet auf dem Garizim einen Jahwe-Altar, läßt darauf opfern, schreibt auf die Steine Segen und Fluch und verliest den Segen und den Fluch
		11, 1. 5–9: Josua schlägt Jabin von Hazor und seine Verbündeten an den Wassern von Merom
		8, 1. 10–12. 5. 7. 14–17. 19. 18. 20. 22. 20. 22. 24. 25. 28: Josua erobert und zerstört Ai
		5, 2. 3. 8. 9: Josua beschneidet die Israeliten im Gilgal

J¹	J²	E
		9, 8. 9. 11. 15. 16. 24. 25. 27: Die Gibeoniten erschleichen ein Bündnis mit Josua. Josua macht sie zu Kultsklaven
		10, 1. 3. 4. 6. 7. 10. 12—14; Jdc 1, 6—7; Jos 10, 15: Josua schlägt Adoni-Zedek und die ihm verbündeten amoritischen Könige bei Gibeon. Dem gefangen genommenen Adoni-Zedek werden die Daumen und die großen Zehen abgeschnitten. Den so Verstümmelten schaffen seine Leute nach Jerusalem, wo er stirbt. Josua kehrt mit seinem Heer ins Lager von Gilgal zurück
		Jos 2, 1. 2. 4. 5. 12. 13. 17—19. 21; 3, 1: Die Dirne Rahab erhält von den beiden israelitischen Spionen, die sie in Jericho beherbergt hat, ein Schutzzeichen. Aufbruch Josuas am Morgen
		6, 2. 3. 5. 7. 11. 14. 15. 17. 18. 20. 21. 25. 26: Nachdem Israel sechs Tage Jericho umkreist hat, fällt am siebenten Tag bei einem Hornsignal unter lautem Geschrei des Volkes die Mauer zusammen. Menschen und Vieh werden getötet, nur Rahab und ihr Haus verschont. Josua belegt jeden Versuch, die Stadt wieder aufzubauen, mit einem Fluch
		7, 1. 6. 11—13. 16. 19—23. 25. 26: Achan wird zur Strafe für sein Vergehen am Banngut im Tale Achor gesteinigt
	13, 1. 7: Josua, der inzwischen alt geworden ist, erhält von Jahwe den Befehl, das Land an die neun Stämme zu verteilen	

J¹	J²	E
	17, 17–18: Josua gesteht dem Haus Joseph mit Rücksicht auf seine Größe zu seinem Los noch das Hügelland von Gilead zu 18, 2. 5–7. 9: Josua weist eine Kommission an, das nach Abzug des Juda im Süden und Joseph im Norden zugefallenen Gebietes noch übrig gebliebene Land westlich des Jordans in sieben Teile zu zerlegen, damit er über sie vor Jahwe das Los werfen könne. Die Kommission kehrt nach Ausführung des Auftrages nach Gilgal zurück 18, 11; 19, 1. 10. 17. 24. 32. 40: Ein Los fällt auf Benjamin, das zweite auf Simeon, das dritte auf Sebulon, das vierte auf Ischsakar, das fünfte auf Ascher, das sechste auf Naphtali und das siebente auf Dan	18, 3. 4. 8. 10: Josua beauftragt eine Kommission mit der Aufnahme des Landes. Die Kommission führt den Auftrag aus. Josua wirft das Los vor Jahwe 14, 6–8. 13–14; Josua verleiht in Gilgal Hebron dem Kaleb 17, 14. 16. 15; 17, 1: Josua erlaubt den Josephiten mit Rücksicht auf ihre große Zahl, sich Wald im Lande der Perissiter und Rephaiter zu roden [Der Wald von Gilead wird Manasse zuteil,] weil er Josephs Erstgeborener ist
		19, 49. 50: Die Josephiten verleihen dem Josua Timnat-Heres auf dem Gebirge Ephraim als Besitz Jdc 2, 1. 5: Der Engel Jahwes zieht von Gilgal nach Bethel herauf, dort wird Jahwe ein Opfer gebracht Jos 24, 29–30: Josua stirbt und wird in Timnat-Heres bestattet
Jdc 1, 17: Juda und Simeon besiegen die Kanaaniter von Zephat, zerstören die Stadt und nennen sie um in Horma (Bannung) 1, 19: Juda besetzt das Hügelland, aber nicht die Ebenen 1, 16: Kain zieht in die Wüste von Arad 1, 10. 20. 10: Kaleb zieht gegen die Kanaaniter von Hebron und vertreibt von dort die drei Enak-Söhne 1, 12–15: Othniel ben-Kenas erobert Kirjath-Sepher und erhält als Lohn außer Kalebs Tochter Aksa zwei Quellen	Jdc 1, 1–4: Nach Josuas Tod bestimmt das Jahwe-Orakel, daß Juda zuerst zum Kampf gegen die Kanaanäer ausziehen soll. Simeon geht mit Juda. *10.* 11: Zug gegen Debir, das frühere Kirjat-Sepher. *12–17. 19. 20. 10*	

J¹	J²	E
1, 23–25: Das Haus Joseph gewinnt Bethel durch Verrat	1, 22: Das Haus Joseph zieht gegen Bethel. *23–25*	
	Jos 24, 32: Bestattung der Gebeine Josephs in Sichem	
Num 32, 39; Jos 17, 1: Machir vertreibt die Amoriter aus Gilead, denn er war ein Kriegsmann	Num 32, *39*; Jos 17, *1*; Num 32, 41–42: Jair und Nobach besetzen Teile des Ostjordanlands und benennen sie mit ihren Namen Jos 13, 13: Manasse vermag der Geschuriter und Maakatiter nicht Herr zu werden	
	Jdc 1, 27. 29–31. 33–36: Aufzählung der im Gebiete von Manasse, Ephraim, Sebulon, Ascher, Naphtali und Dan unerobert gebliebenen Städte. Die Grenze der Edomiter	
[Die Rubeniten ziehen ins Ostjordanland]		
Jos 9, 6. 7. 14. 15: Die Horiter des Negeb erschleichen ein Bündnis mit den Israeliten		

IV. Vergleich der SIMPSONschen Erzählungsfäden J¹, J² und E mit SMENDs J¹, J² und E

Vergleicht man die drei vordeuteronomischen Erzählungsfäden, wie sie nach Ausweis der eben vorgeführten synoptischen Übersicht SIMPSON aus Gen *1* 1—Jdc *2* 5 herauslöst, mit den Ergebnissen derer, die ebenfalls den vordeuteronomischen Erzählungsbestand von Gen *1* 1—Jdc *2* 5 auf drei Fäden glauben aufteilen zu müssen, etwa mit SMENDs »Erzählung des Hexateuch« von 1912 oder EISSFELDTs »Hexateuch-Synopse« von 1922, deren Verschiedenheiten SIMPSONs Auffassung gegenüber hier vernachlässigt werden können, so daß fortan SIMPSONs Analyse in der Regel nur mit der SMENDs verglichen und diesem dabei gelegentlich ein EISSFELDTscher Vorschlag zugeschrieben wird, so will zunächst beachtet sein, daß es sich bei SIMPSONs J¹, J² und E nicht wie bei SMENDs J¹, J² und E und bei EISSFELDTs L, J und E um drei gleichartige und — trotz der Abhängigkeit des J² (J) von J¹ (L) und des E von J¹ J² (LJ) — selbständige Erzählungswerke handelt, vielmehr J² nur eine Erweiterung von J¹ darstellt, also keine selbständige Größe ist, sondern bloß eine Ergänzung von J¹ und daher nur in der Verbindung mit ihm gelesen werden kann. Sodann fällt auf, daß SIMPSONs J¹, J² und E an Umfang wesentlich hinter dem der von SMEND angenommenen drei vordeuteronomischen Hexateuch-Quellen zurückstehen, was um so nachdrücklicher in die Erscheinung tritt, wenn — wie es ja geschehen muß — beim Messen des Umfangs von J² das in ihm enthaltene J¹-Gut außer Ansatz bleibt, also der in der J²-Spalte der Synoptischen Übersicht durch Kursivdruck kenntlich gemachte Stoff nicht mitgerechnet wird. SIMPSONs J¹, J² und E sind dann etwa um ein Drittel, vielleicht gar um die Hälfte kürzer als SMENDs drei »Quellen«. Das erklärt sich daraus, daß, wie S. 8 berührt worden ist, SIMPSON nicht nur für das Stadium der mündlichen Überlieferung des Erzählungsgutes ein ständiges Wachstum annimmt, sondern auch mit starken sekundären Erweiterungen der schriftlich fixierten Erzählungsfäden J¹, J² und E rechnet und außerdem den Redaktoren, die das jeweilig jüngere Gut mit dem älteren — E mit J (R^je), später D mit JE (R^d) und P mit JED (R^p) — vereint haben, mannigfache Eingriffe in den Bestand zuschreibt. Welchen Umfang die von SIMPSON angenommenen sekundären Hinzufügungen zu J¹, J² und E haben, mag an einigen der Genesis entnommenen Beispielen gezeigt werden.

Aus der Erzählung über die Verfluchung Kanaans und die Segnung Sems und Japhets durch Noah in *9* 20—27, die im übrigen J¹ zuge-

wiesen wird, werden die den Segen über Sem und Japhet enthaltenden
26. 27 gestrichen und aus 23 die Namen der Brüder Kanaans, Sem und
Japhet, entfernt, so daß J¹ nur den jüngsten Sohn Noahs mit Namen
nennt und nur dessen Verfluchung erzählt, während seine Brüder bloße
Statisten sind. Aus dem nach Abzug des P-Anteils von der Völkertafel
in *10* verbleibenden Bestand sind »quellenhaft« bloß 8. 15. 21. 25. Daran
ist J¹ nur mit 8 »Und Kusch erzeugte Nimrod; der wurde der erste
Herrscher auf Erden« beteiligt. J² hat dem hinzugefügt 10 »Und der
Anfang seines Reiches war Babylon« und vor dem Kusch-Sohn Nimrod
die Söhne Kanaans und — später der Redaktion zum Opfer gefallen —
Japhets, hinter ihm die Nachkommen Sems gebracht, so daß für J¹· ²
dieser Ausschnitt aus *10* in Anspruch genommen wird: » ¹⁵ Und Kanaan
erzeugte Sidon, seinen Erstgeborenen, und Heth. [Und Japhet, dem
älteren Bruder Kanaans, dem wurden Kusch und Mizraim geboren].
⁸ Und Kusch erzeugte Nimrod, der wurde der erste Herrscher auf Erden.
¹⁰ Und der Anfang seines Reiches war Babylon. ²¹ Und Sem, dem älteren
Bruder Japhets, dem wurde Eber geboren. ²⁵ Und Eber wurden zwei
Söhne geboren. Der Name des einen war Peleg, denn in seinen Tagen
wurde die Erde geteilt, und der Name seines Bruders war Joktan.« —
Von *15* heißt es auf S. 73, daß diese Erzählung von der Schließung
eines Bundes zwischen Jahwe und Abraham ganz spät entstanden sei
und das Ergebnis einer oder mehrerer Bearbeitungen einer viel ein-
facheren Erzählung darstelle. An ihr ist also weder J¹ noch J² noch
E beteiligt. — Von *22* ₂₀₋₂₄, der Liste der Nachkommen Nahors, ist
nur ₂₀ quellenhaft, und zwar von J² herrührend, also nur die Angabe,
daß Abraham mitgeteilt wird, Milka habe seinem Bruder Kinder geboren, ohne Nennung eines Namens. Von *25* ₁₋₆, der Erzählung, daß
Abraham noch die Ketura zur Frau genommen, von ihr Kinder erhalten,
diese mit Anteilen abgefunden und ins Ostland geschickt habe, während
im übrigen sein Besitz, d. h. vor allem das Land Kanaan oder vielmehr
der Anspruch darauf, von ihm Isaak zuerkannt worden sei, erklärt S. 91,
daß sie mit Ausnahme von ₅, der zu J² gehöre und ursprünglich hinter
24 ₁ gestanden habe, sekundär zu J² hinzugefügt worden sei, eine Erweiterung — so S. 123 — ähnlich der von *36*, in dem ₁₀₋₃₉ zwar »J-
Material von mehreren Händen« darstellen, aber auf J¹ gar nichts
und auf J² nur ₁₀ zurückgeht, der in J² ursprünglich hinter *33* ₁₆ gestanden hat und hier den Zweck hatte, vor der Wiederaufnahme der
Erzählung von Jakob mit Esau abzuschließen. — Wird aus *36* wenigstens e in Vers, nämlich ₁₀, für J² in Anspruch genommen, so ist nach
S. 152 ff. am Segen Jakobs, *49* ₂₋₂₇, weder J¹ noch J² auch nur mit
einem Wort beteiligt. Der Abschnitt, eine dem vor seinem Tode stehenden
Jakob in den Mund gelegte Sammlung ursprünglich selbständiger
Stämme-Orakel, die in einer Anthologie wie dem »Buch des Gerechten«

(Jos *10* ₁₃) gestanden haben mag, ist sekundär der J²-Erzählung eingegliedert worden.

Was den Erzählungsgang der drei vordeuteronomischen Fäden angeht, so hat — vom Umfang der einzelnen Erzählungen jetzt abgesehen
— SIMPSONs J¹ mit SMENDs J¹ viel gemeinsam. Aber es finden sich
doch auch erhebliche Unterschiede, und diese Fälle sind, wie sich später
zeigen wird (S. 52—87), für die Entscheidung der Frage, ob J² als Ergänzer
von J¹ oder aber als Verfasser eines J¹ parallelen Werkes aufzufassen
ist, sehr wichtig. Dahin gehört die Verschiedenheit der Analyse von
Gen *9* ₂₀—₂₇ bei SIMPSON einerseits, bei SMEND anderseits. Dieser
scheidet, wie das ganz allgemein geschieht, aus der Erzählung nur
»Ham, der Vater des« als redaktionell vor »Kanaan« eingesetzt aus,
findet also hier nicht nur — so SIMPSON — Kanaan, sondern auch
Sem und Japhet als Söhne Noahs genannt. Das bedeutet, daß hier
eine Parallele zu der im J-Bestand von *10* vorliegenden Nennung (Hams)
Japhets und Sems gegeben ist und diese einen Ersatz für *9* ₂₀—₂₇
darstellt, nicht aber eine Ergänzung hierzu. — Ähnlich liegen, worüber
noch zu reden ist (S. 61 f.), die Dinge bei dem Stück *25* ₁—₆, das SIMPSON
mit Ausnahme von dem J¹ zugeschriebenen ₅ für sekundär zu J² hinzugefügt erklärt, EISSFELDT aber für L (J¹) in Anspruch nehmen
möchte. — Sehr stark weicht SIMPSON sodann in der Bestimmung
des J¹-Anteils an der Erzählung von der Geburt der Kinder Jakobs
von SMEND ab. Während dieser bei aller Behutsamkeit in der Analyse
des besonders schwer zu entwirrenden Stückes Gen *29* ₃₁—*30* ₂₄ es für
ausgemacht hält, daß alle drei vordeuteronomischen Quellen an ihm
beteiligt sind oder daß doch wenigstens, wenn im Einzelnen ihr Anteil
nicht mehr sicher feststellbar sein sollte, für sie alle eine Erzählung
anzunehmen ist, die von Jakob die bekannten zwölf Söhne herleitet,
weiß SIMPSONs J¹ nur von fünf Söhnen Jakobs, nämlich von Ruben,
Simeon, Levi, Juda und Joseph; die an dem Dutzend fehlenden sollen
erst von J² hinzugefügt sein. Damit hängt eine andere bedeutsame
Differenz zusammen. SMEND hatte, Beobachtungen Älterer aufnehmend
und weiterführend, die Rubens, Simeons, Levis und Judas Sonder-
schicksalen geltenden Erzählungen *35* ₂₁—₂₂; *34*; *38* samt dem, wenigstens teilweise auf diese Stücke zurückweisenden, Segen Jakobs in *49*
oder doch einem Ausschnitt aus ihm als besonderes Gut aus der um den
P-Anteil gekürzten Joseph-Geschichte von *37*; *39—48*; *50* herausgehoben, und, da jene Joseph-Geschichte allgemein als Addition aus
J² und E erklärt wurde, dem J¹ zugeschrieben, der damit ein ähnliches
Ziel verfolgt hätte wie die Joseph-Geschichte von J² E, also an dieser
nicht beteiligt sein könnte. SIMPSON dagegen glaubt wie in der Synoptischen Übersicht angegeben, in der außer um P auch um E gekürzten
Joseph-Geschichte von *37*; *39—48*; *50* einen ganz dünnen Original-

Erzählungsfaden, seinen J¹, erkennen zu können, der durch Ausgestaltung von Motiven einerseits und Hinzufügung neuer Züge anderseits von J² sehr erheblich verstärkt worden sei.

Im Exodus unterscheidet sich SIMPSONS J¹ von SMENDS J¹ namentlich hinsichtlich des Anteils am Sinai-Geschehen. Dieser glaubte im
vordeuteronomischen Bestand von Ex *19—34* außer dem Bundesbuch
von *20* 22—*23* 19 drei Erzählungen erkennen zu können, von denen
zwei den am Sinai oder Horeb zwischen Gott und Volk geschlossenen
Bund in der Mitteilung göttlicher Gebote gipfeln lassen, die eine (J²)
in der des kultischen Dekalogs von *34*, die andere (E) in der des ethischen
Dekalogs von *20*, während die dritte und offenbar älteste (J¹) ein von
Mose und den Ältesten Israels auf dem Sinai angesichts Jahwes ge-
haltenes Mahl als den entscheidenden Bundesschließungsakt betrachtet
(*24* 1—2. 9—11). Nach SIMPSON hingegen gehört die Grundlage von
24 1—2. 9—11 vielmehr zu J², so daß aus dem ganzen Komplex von
19—34 für J¹ nur *19* 18 und *32* 26—29 übrig bleiben. Von diesen spielt
das erste Stück zwar am Sinai, darf aber nicht als Beweis dafür aufgefaßt werden, daß auch J¹ von einem Zug des Volkes an den Sinai
und einem hier zwischen ihm und Jahwe geschlossenen Bund erzählt
hätte. Vielmehr stellt *19* 18 den Rest der Erzählung einer Wallfahrt
dar, die Mose, das in Kadesch weilende Volk für kurze Zeit allein
lassend, von dort aus zum Sinai unternommen hat, und *32* 26—29 hat
im J¹-Zusammenhang seine Stelle nicht am Sinai, sondern in Kadesch.
Während Moses Abwesenheit hat sich das in Kadesch gebliebene Volk
schwer vergangen. Bei seiner Rückkehr vom Sinai in das Tor des Lagers
von Kadesch eintretend, stellt Mose das fest, fordert zur Hilfe bei der
Bestrafung der Schuldigen auf und belohnt die Leviten, die sich dabei besonders eifrig gezeigt haben, mit dem Priestertum.

Ebenso stark wie bei der Erzählung vom Sinai-Geschehen weicht
SIMPSONS J¹ von dem SMENDs bei dem Bericht über den Hergang der
Landnahme ab. Wie aus der Synoptischen Übersicht mit einem Blick
zu ersehen ist, schließt sich in SIMPSONS J¹ an Num *21* 1—2, die Erzählung
von dem Angriff der im Negeb wohnenden Kanaaniter auf das von
Kadesch gen Norden ziehende Israel und dem Gelübde Israels, im Falle
des Sieges über die Angreifer deren Städte zu bannen, alsbald Jdc *1* 17,
die Erzählung von Judas und Simeons Sieg über die Kanaaniter von
Zephat und die Umnennung dieser Stadt in Horma (Bannung) an. Auf
diesen ersten Schritt der hier jedenfalls zumeist von Süden, nicht von
Osten her geschehenen Landnahme Israels, genauer: der Südstämme,
der Oststämme und Josephs — denn nur diese werden ja von SIMPSONS
J¹ berücksichtigt — folgen dann die weiteren Unternehmungen Judas
(19), Kains (16), Kalebs (10. 20. 10), Othniels (12—15), Josephs (23—25),
Machirs, der sich Gilead unterwirft (Num *32* 29; Jos *17* 1) [und Rubens,

der ins Ostjordanland hinüberzieht], und den Abschluß dieser Land-
nahme-Darstellung bildet die Mitteilung eines Bündnisses der Israeliten
mit den Horitern des Negeb, das sich diese zu erschleichen verstanden
haben (Jos 9 6. 7. 14. 15). Simpsons J¹ weiß also von dem Israel auf-
erlegten Zwang, Edom und Moab zu umgehen und den ihm im Ostjordanland entgegentretenden Widerstand zu brechen, ebensowenig wie
davon, daß, nachdem Ruben, Gad und manassitische Geschlechter
vorweg sich Sitze im Ostjordanland gesichert haben, Israel unter Josuas
Führung den Jordan überschritten und die erste an seiner Vormarsch-
straße liegende kanaanäische Festung Jericho erobert hat. Dagegen
glaubt Smend, in den Erzählungen von der Umgehung Edoms und
Moabs, von der Überwindung der Israel im Ostjordanland in den Weg
gelegten Hemmnisse, vom Übergang über den Jordan und von der
Eroberung Jerichos sowie von Josuas Abschied und Tod und dem darauf
von Gilgal aus geschehenden Vorrücken der einzelnen Stämme oder
Gruppen von Stämmen in die ihnen zugefallenen Landlose in Num 21 4
bis Jos 7 und dann wieder in Jos 24 1—Jdc 2 5 neben J² und E überall
einen dritten Bericht oder doch Spuren von ihm erkennen zu können und
diesen wegen seiner altertümlichen Art und seiner Verwandtschaft mit
anderen für J¹ gesicherten Stücken J¹ zuschreiben zu müssen, so daß
sich auch die vordeuteronomische Erzählung von Num 21 1—Jdc 2 5
als Komposition aus drei trotz aller Verschiedenheiten doch weithin
parallel laufenden Erzählungsfäden ausweist. Der wichtigste Unterschied zwischen den beiden jüngeren Fäden, die hier wie sonst einander
sehr ähnlich sind, einerseits und dem ältesten andererseits ist dabei der,
daß dieser Josua offenbar gleich nach der Einnahme Jerichos, und das
heißt dann: in Gilgal, von seinem, noch vor der Eroberung des Westjordanlandes stehenden Volke Abschied nehmen und sterben läßt,
während jene erzählen, daß Josua an der Spitze des gesamten Israel
die militärische Macht der Kanaanäer in zwei großen Schlachten, der
von Gibeon in Mittelpalästina und der an den Wassern von Merom
im Norden, und mannigfachen kleineren Unternehmungen niedergeworfen und so, als er in Sichem seinem Volke letzte Mahnungen auf
den Weg gab und starb, den einzelnen Stämmen bei der Inbesitznahme
der ihnen zugefallenen Gebiete höchstens geringfügige militärische Auf-
gaben zu lösen übrig gelassen hat.

Was J² angeht, so ist schon gesagt, daß Simpsons J² insofern
etwas ganz anderes denn Smends J² ist, als er keine selbständige
Größe darstellt, sondern eine bloße Erweiterung von J¹, immer nur
in Verbindung mit J¹ existiert hat und auch nur in dieser Verbindung
sinnvoll ist. Aber sieht man einmal von diesem und anderen Unter-
schieden ab, so deckt sich das von Simpson J² zugeschriebene Gut
doch weithin mit dem, was Smend seinem J² zuschreibt. Das gilt von

3*

Kain und Abel Gen *4*, von der Sintflut *6—8*, von der Gefährdung der
Sara in Ägypten *12*, von der Austreibung der Hagar *16*, von der Werbung
um die Rebekka *24*, von der Erschleichung des Erstgeburtssegens
27, von der Gotteserscheinung in Bethel *28*, von Jakobs Begegnung
mit Esau *33*, von der um den P- und E-Anteil gekürzten Joseph-
Geschichte *37*; *39—48*; *50*, aus der ja von Simpson nur ein ganz
dünner Faden dem J¹ zugeschrieben wird; von der Bedrückung Israels
in Ägypten, der Beauftragung Moses mit seiner Befreiung, den ägyptischen Plagen, Israels Rettung am Meer Ex *1—14*; dem Sinai-Geschehen
Ex *19—34*; der Bileam-Erzählung Num *22—24* sowie von erheblichen
Teilen der Erzählung des Josua-Buches. Hingegen bedeutet das eine
wichtige Besonderheit des Simpsonschen J², daß ihm auch die nach
Smend zu J¹ gehörenden Stücke Jdc *1* 1—4. 22. 27—36, die davon zu
erzählen wissen, wie nach Josuas Tod Juda, Simeon und Joseph zur
Erkämpfung der ihnen zugefallenen Landlose aus Gilgal ausrücken und
wie Manasse, Ephraim, Sebulon, Ascher, Naphatali und Dan innerhalb
des ihnen zugewiesenen Gebietes manche kanaanäische Enklaven bestehen lassen müssen, zugewiesen und damit als Fortsetzung der im
Josuabuch enthaltenen J²-Erzählung über die Niederwerfung der kanaanäischen Macht durch das unter Josuas Führung stehende geeinte Israel,
nicht etwa — so bei Smend — als Parallele dazu aufgefaßt werden.

Die dritte vordeuteronomische Hexateuch-Quelle, E, wird von
Simpson weitgehend in derselben Weise wie von Smend bestimmt. Wie
dieser nimmt Simpson an, daß E seine Darstellung erst mit Abrahams
Berufung begonnen, also von Haus aus keine Urgeschichte gehabt und
vor den von ihm erhaltenen ersten Stücken — nach Smend wäre das
sein Anteil an der Erzählung von Gottes Bundesschluß mit Abraham
Gen *15* und dann die Erzählung von Saras Gefährdung in Gerar *20*, nach
Simpson *16* 13—14: Dank der Sara (so S. 581 f.!) für die ihr zuteil gewordene
Verheißung eines Sohnes und dann *20* — kaum etwas eingebüßt hat,
und in seinem weiteren Verlauf bringt Simpsons E so ziemlich die-
selben Stoffe wie der E von Smend: Abrahams Abmachung mit Abi-
melech in bezug auf Beerseba und Austreibung der Hagar *21*, Opferung
Isaaks *22*, Werbung um Rebekka *24*, Erschleichung des Erstgeburts-
segens durch Jakob und dessen Flucht zu Laban über Bethel *27—28*,
Jakobs Kinder von Lea und Rahel und von deren Mägden *29—30*,
Jakobs Flucht vor Laban und seine Vereinbarung mit ihm *31*, Jakobs
Begegnung mit Esau *32—33*, Josephs Erniedrigung und Erhöhung *37*;
39—48. 50, Bedrückung der Israeliten in Ägypten und ihre Errettung
Ex *1—14*, Abschluß eines Bundes Gottes mit Israel am Horeb und Ver-
leihung der die Bundesworte enthaltenden göttlichen Steinurkunde an
das Volk sowie deren Zerschmetterung durch den ob der Abgötterei des
Volkes aufgebrachten Mose *19—20*; *24*; *32*, Bestrafung der Mirjam

mit Aussatz Num *12*, Aussendung der Kundschafter durch Mose *13—14*,
Verweigerung des israelitischen Durchmarschgesuches durch Edom *20*,
Errichtung der Ehernen Schlange *21*, Besiegung Sihons von Hesbon *21*,
Segnung Israels durch den zu seiner Verfluchung vom Moabiterkönig her-
beigeholten Bileam *22—23*, Verleihung von Sitzen im Ostjordanland an
Gad und Ruben durch Mose *32*, Moses Tod auf dem Pisga Dtn *34*, Jahwes
Befehl an Josua, den Jordan zu überschreiten Jos *1*, Übergang über den
Jordan *3—4*. Auch weiterhin weist SIMPSON von der Erzählung des Josua-
Buches dem E etwa denselben Stoff zu wie SMEND, aber in völlig
anderer Ordnung. Auf den in SIMPSONs E ja etwa in der Höhe von
Sichem und mit Sichem als Ziel unternommenen Jordan-Übergang folgt
alsbald die von Josua in Sichem vollzogene Verpflichtung des Volkes
zu alleinigem Dienst Jahwes *24* und die Errichtung eines Altars auf dem
Garizim *8* 30—34. Daran schließen sich an: Sieg über Jabin von Hazor *11*,
Eroberung von Ai *8*, Beschneidung der Israeliten in Gilgal *5*, Erschleichung eines Bündnisses mit Josua durch die Gibeoniten und Besiegung
der zu ihrer Züchtigung verbündeten amoritischen Könige *9—10*, und
dann die Vorbereitung der Verteilung des nunmehr befriedeten Landes
18. Daß *24* 29—30 als Abschluß des Berichts über die Landnahme
Josuas Tod und Bestattung erzählt wird, hat SIMPSONs E wiederum
mit dem SMENDs gemein, aber ein bedeutsamer Unterschied besteht
darin, daß die von diesem an J^1 gewiesene Nachricht vom Heraufzug
des Engels Jahwes aus Gilgal nach Bokim Jdc *2* 1. 5, von SIMPSON
vielmehr E zugeschrieben wird. So fehlt es nicht an Verschiedenheiten
zwischen dem E SIMPSONs und SMENDs. Aber den vielen großen Ge-
meinsamkeiten gegenüber, die sie hinsichtlich der Auswahl und der
Folge der von ihnen gebrachten Stoffe haben, treten die Differenzen
doch zurück. Eine Beobachtung ist, wie sich später noch zeigen wird
(S. 52—87), besonders wichtig. Wie bei SMEND E J^2 viel näher steht als
J^1 und fast als eine Neuausgabe von J^2 verstanden werden kann, die durch
inzwischen eingetretene Höherentwicklung der religiösen und ethischen Anschauungen nötig geworden ist, so entspricht auch SIMPSONs E
viel eher dem von J^2 zu J^1 hinzugefügten Stoff als dem von J^1
gebrachten, was die Annahme nahe zu legen scheint, daß E einen mit
J^1 unvermischten J^2 vor sich gehabt hat, d. h. daß J^2 eben doch nicht
eine bloße Erweiterung von J^1 ist, sondern eine ihm parallele selbständige Darstellung.

V. Die von J¹, J² und E vorausgesetzten Traditionen

Bei aller Bedeutung, die SIMPSON der literarkritischen Analyse des vordeuteronomischen hexateuchischen Erzählungsstoffes zuerkennt, und bei aller Mühe, die er an sie gewandt hat, ist sein Hauptanliegen doch dies, die hinter den literarkritisch faßbaren Erzählungswerken liegenden Traditionen und die von ihnen widergespiegelten geschichtlichen Tatbestände zu erfassen. So gilt es, in Ergänzung dessen, was S. 7—10 bereits gesagt ist, SIMPSONs hierher gehörige Auffassungen etwas genauer darzulegen. Zunächst ein Wort über die Traditionen, die sich nach SIMPSON in den uns erhaltenen vordeuteronomischen hexateuchischem Erzählungswerken niedergeschlagen haben.

Im Werke des J¹, dessen Hauptanliegen es war, die spezifisch israelitischen, vorkanaanäischen Traditionen der in seinem Gesichtskreis liegenden Gruppen, d. h. vor allem von Simeon, Levi, Juda, Kaleb, Othniel und Kain, sodann von Ruben und zuletzt auch von Joseph, mit den am Lande Kanaan haftenden nicht-israelitischen Traditionen zum Ausgleich zu bringen, spiegeln sich daher zwei ganz verschiedene Überlieferungswelten, die israelitische Wüsten-Tradition, die historische Bewegungen zum Hintergrunde hat, einerseits und die kanaanäische Kulturlandtradition anderseits, die weithin mythischer Art ist. Diese Angleichung ist so vollzogen worden, daß kanaanäische Götter oder Heroen, die sich die Israeliten nach ihrer Landnahme angeeignet haben — Abraham, Isaak, Jakob u. a. —, zu den Vätern des Volkes Israel gemacht und damit dessen Anfänge nach Kanaan verlegt, die Erinnerungen an Israels Urheimat in der Wüste aber unterdrückt oder doch auf den Erzählungszug eingeengt worden sind, daß Abraham aus der an Kanaan grenzenden syrisch-arabischen Wüste nach Kanaan übergetreten sei und daß auch Isaak und Jakob Beziehungen dahin aufrechterhalten hätten, während die wirkliche Urheimat Israels, das mit Vulkanen durchsetzte Hinterland der Nordostküste des Roten Meeres mit dem Sinai-Vulkan als Mittelpunkt oder die Umgebung des im Westen der Sinai-Halbinsel zu suchenden Horeb, aus der die Vorfahren eines Teiles der Nordstämme herzurühren scheinen (S. 614), als solche in Vergessenheit geriet und nur als Schauplatz der Schicksale Geltung behielt, die Israeliten in der Zeit zwischen der mit der Übersiedlung Jakobs und seiner Familie nach Ägypten gegebenen Räumung Kanaans und der nach dem Auszug Israels aus Ägypten geschehenden neuen Besetzung Kanaans erfahren hat. So ließ sich, freilich auf Kosten der Erinnerung an Israels wirkliche Anfänge, die — einem historischen Tatbestand entsprechende — Überlieferung von dem Aufenthalt israe-

litischer Gruppen in Ägypten und ihrem sich an den Auszug von dort
anschließenden Eindringen in Kanaan zur Not mit der — unzutreffenden
und durch Umbildung kanaanäischer Gestalten zu israelitischen Patriarchen ermöglichten — Vorstellung vereinen, daß Israels Väter von
Anfang oder von früh an und jedenfalls vor Israels ägyptischer Episode
in Kanaan geweilt hätten.

Von den Patriarchen ist der an Hebron haftende Abraham von
Haus aus das kanaanäische Lokalnumen dieses Ortes und seines Heiligtums und damit der Vater der dortigen Kultgemeinschaft. Das blieb er,
als Hebron israelitisch wurde. Da sich die Gruppe der Südstämme
Hebron als ihren kultischen Mittelpunkt gewählt hat, stieg Abraham
zum Vater dieser Konföderation empor, und die politische Vereinigung
von Süd und Nord unter David, bei der Davids Verbindung mit Hebron
dieser Stätte besonders Gewicht gab, brachte es mit sich, daß Abraham
schließlich der Vater von ganz Israel wurde. — Aus der in oder bei Hebron
gepflegten kanaanäischen Tradition stammt auch die Sage von der
ungastlichen Stadt Sodom, aus der nur der die Fremden trotz des
Widerspruches der Sodomiter schützende Gastfreund mit seiner Familie
gerettet wurde, sowie die Sage von einem Vater und seinen zwei Töchtern,
die als die einzig Überlebenden einer Weltkatastrophe das Menschen-
geschlecht dadurch erhalten haben, daß die Töchter mit dem Vater
Umgang pflogen und so jede einen Sohn gebar, die eine den Moab,
die andere den Ammon. Indem er die Weltkatastrophe der zweiten
Sage mit der Katastrophe von Sodom gleichsetzte, den Namen Lot,
den einer — entweder der Gastfreund der Sodom-Erzählung oder der
Vater in der anderen — schon vorher führte, auch auf den anderen über-
trug und diesen Lot zum Neffen Abrahams machte, der ihn aus der
östlichen Wüste mit nach Kanaan gebracht habe, hat J¹ diese kanaanäischen Stoffe israelitisiert und so seinem Erzählungswerk einverleibt
(S. 458f.) Isaak haftet an Beerlahajroi, hat aber auch Beziehungen zu
Beerseba. Eine israelitische Gruppe, die Beerlahajroi besetzte, hat sich
mit dem Ort und seinem Heiligtum auch dessen Numen angeeignet.
Nach Beerseba weiter ziehend, hat sie diesen eben von den Kanaanäern
übernommenen Kultheros dahin mitgenommen, so daß er nun auch für
Beerseba Bedeutung gewann. Später — wohl erst durch J¹ selbst —
ist dann die an Beerseba und Beerlahajroi haftende Tradition von Isaak
mit der in Hebron beheimateten von Abraham verschmolzen worden,
und zwar in der Weise, daß Isaak zum Sohne Abrahams gemacht worden
ist. Der Lokaltradition von Beerseba entstammt wohl auch die Frau
Isaaks, Rebekka, die J², um die Reinheit ihres israelitischen Blutes
hervorzuheben, zur Tochter Nahors, des Bruders Abrahams, gemacht
hat (S. 509). — Da die Erzählungen von Jakobs Bund mit Laban
Gen *31* und von seinem Ringkampf mit einem Nachtdämon *32* im Ost-

jordanland spielen und hier — das ist besonders wichtig — nach *50* ₁₀₋₁₁ auch sein Grab liegt, ist Jakob offenbar eine von Haus aus mit dem Ostjordanland verbundene Gestalt. So wird man annehmen dürfen, daß sie der ostjordanländische Stamm Ruben in die israelitische Tradition eingeführt hat, wohl in der Form, daß er sich als Jakobs Sohn ausgab. Infolge der Anknüpfung von Beziehungen zwischen den Südstämmen und Ruben hat Jakob auch für diese Bedeutung gewonnen, und zwar so, daß sie ebenfalls zu seinen Söhnen wurden, wobei dann Ruben den Rang des Erstgeborenen erhielt oder behielt. Dadurch, daß in der von Haus aus kanaanäischen, ortsgebundenen, nämlich am Jabbok haftenden, Erzählung vom Ringkampf Jakobs mit dem Motiv der Segnung Jakobs durch seinen Gegner das der Umnennung Jakobs in Israel verbunden wurde, verschmolz der kanaanäische Jakob vollends mit Israel, den die aus der Wüste ins Land gekommenen Israeliten als ihren Vater verehrten (S. 469. 422 Anm. 5), und die durch *25* ₂₁ geschehene Einführung Isaaks als Vater in die von Haus ebenfalls kanaanäische und am ostjordanländischen Boden haftende Erzählung von der Geburt Jakobs und Esaus *25* ₂₄₋₂₆ verknüpfte diese im Ostjordanland beheimatete Tradition mit der von Beerlahajroi und Beerseba, die ihrerseits, wie wir sahen (S. 39), mit der Abraham-Tradition von Hebron zusammengewachsen war (S. 462f.). J² und E bringen, was bei J¹ noch nicht der Fall war, Jakob auch mit Sichem und Bethel in Verbindung, dabei gewiß von Traditionen bestimmt, die — in Abwehr kanaanäischer Ansprüche auf diese Stätten — das Besitzrecht an ihnen vielmehr Israel zuerkennen und das dadurch zum Ausdruck bringen, daß sie ihre Gründung dem längst zum Repräsentanten Israels gewordenen Jakob zuschreiben.

Eine durch Israel von den Kanaanäern übernommene Gestalt mythischer Art ist auch Joseph. Da nach Jos *24* ₃₂ sein Grab in Sichem liegt, ist anzunehmen, daß er hier bodenständig ist. Offenbar war dieser Heros von solcher Bedeutung, daß die in und um Sichem seßhaft werdenden israelitischen Stämme Manasse und Ephraim ihn zum Ahnherrn erkoren, womit er dann zum Sohne Israel-Jakobs wurde. Schon auf ihrer kanaanäischen Stufe hat die Tradition von Joseph ihn mit Ägypten in Verbindung gebracht, wobei die historische Gestalt des uns aus den Amarna-Briefen als sehr angesehener ägyptischer Kommissar für Syrien-Palästina bekannten Janhamu — offenbar ein Kanaanäer, jedenfalls nach Ausweis seines Namens ein Semit — Pate gestanden haben könnte. Von diesen Beziehungen Josephs zu Ägypten hat J¹, der im übrigen mit der Tradition von Joseph wenig vertraut war und insbesondere von seiner Verbundenheit mit Sichem nichts wußte, jedenfalls davon keinen Gebrauch machte, oberflächliche Kenntnis gewonnen und sie dazu benutzt, um damit zu dem ihm, wie wir sahen (S. 38),

am Herzen liegenden Ausgleich zwischen der israelitischen Wüsten-
und der kanaanäischen Patriarchentradition beizutragen. Die Wüsten-
tradition wußte ja von einem der Landnahme vorangegangenen Aufenthalt der Israeliten in Ägypten zu sagen. So mußten die nach der
kanaanäischen Tradition in Kanaan autochthonen Patriarchen oder
doch der letzte von ihnen, Jakob, für eine beschränkte Zeit
nach Ägypten versetzt werden, damit seine Nachkommen den mit der
Landnahme endenden Wüstenzug von hier aus unternehmen konnten.
In Auswertung novellistischer Motive, wie das von dem Raub eines
auf freiem Felde weilenden Jünglings durch eine vorüberziehende
Karawane (S. 475) oder das von der Verleumdung eines Mannes
durch eine bei ihren Verführungsversuchen erfolglos gebliebene un-
züchtige Frau (Gen 37; 39 1. 4), einerseits und historischer Vorgänge,
wie der glänzende Aufstieg des ja aus Benjamin stammenden, also zum
»Hause Joseph«gehörenden Saul (S. 476) und Übertritte Nahrung suchen-
der Halbnomaden nach Ägypten anderseits, hat J¹ seine bis zum Tode
Josephs in Ägypten reichende Joseph-Geschichte — nach Ausweis der
Synoptischen Übersicht ja ein ganz dünner Erzählungsfaden — ver-
faßt, an die er dann mit der Angabe, daß ein neuer König in Ägypten
aufgekommen sei, der Joseph nicht kannte, die ihm vorliegende, übrigens
historische Überlieferung von der Bedrückung israelitischer Gruppen
und ihrem Exodus anschließen konnte (S. 475f.). Viel enger als bei
J¹ ist Joseph bei J² und bei E, die auch sonst mit der Tradition der
Nordstämme viel besser vertraut sind als J¹, mit Sichem verbunden, wie
insbesondere die Tatsache zeigt, daß J² zwar, wie das J¹ getan, Joseph in
Ägypten sterben, aber — was bei J¹ offenbar nicht erzählt war — in
Sichem bestattet werden läßt (Gen *50* 25—26; Jos *24* 32). Auch Rahel,
deren Grab nach Ausweis von 1. Sam *10* 2 zwischen Gibea und Rama,
also im Bereiche Josephs, gezeigt wurde, ist von Haus aus eine kanaan-
ische Größe mythischer Art, während Lea, über deren Grab die vordeuteronomische Hexateuch-Erzählung nichts zu sagen weiß, wohl eine
Gestalt der israelitischen Wüsten-Tradition darstellt und südlich von
Palästina beheimatet ist (S. 465). Mit Joseph wurde auch Rahel israelitisiert und als dessen Mutter zur Frau von Josephs Vater Jakob-Israel
gemacht. Wenn bei J¹ Lea als die ältere erscheint, aber Rahel als die
von ihrem Mann bevorzugte, so erklärt sich das vielleicht daraus, daß
J¹ einerseits Vertreter der Süd-Tradition ist, anderseits dem Ehrgeiz
des »Hauses Joseph« schmeicheln und es mit dem Übergang des König-
tums an einen Judäer, David, aussöhnen wollte (S. 465). Im Verfolg
des Ausgleichs westjordanischer und ostjordanischer Traditionen wurden
dann — vielleicht auf Rechnung des J¹ zu setzen — Lea und Rahel
zu Töchtern Labans, der im Ostjordanland als Vertreter der östlich
vom Kulturland zeltenden nomadischen Aramäer und Bundespartner

Jakobs, des Repräsentanten der hier ansässigen Bevölkerung, galt (Gen *31* 44 ff. S. 464 f.).

Die der kanaanäischen Patriarchen-Tradition gegenüberstehende israelitische Wüsten-Tradition ist ebensowenig wie jene einheitlicher Art, sondern rührt von verschiedenen israelitischen Gruppen her und weist daher sehr mannigfache, gelegentlich auch sich einander widersprechende Züge auf. J^1 ist, wie wir sahen (S. 8), in erster Linie durch die Überlieferung der Südstämme, in zweiter durch die ostjordanländischer Gruppen beeinflußt, während er von Joseph nur sehr dürftige Nachrichten empfangen hat. Seine Erzählungen über Israels Knechtung in Ägypten und seinen Exodus von dort geben die Überlieferung der Südstämme oder einer bestimmten Gruppe von ihnen wieder. Denn diese wußte davon zu sagen, daß ihre Vorfahren, die wie wir sahen (S. 10), ihre in der Nachbarschaft des vulkanischen Sinai in Midian gelegene Urheimat mit der Gegend von Kadesch vertauscht hatten und von hier, wohl von Hunger getrieben, nach Ägypten übergetreten waren, nach kurzem Aufenthalt dort Kadesch wieder zustrebten und trotz der ihnen in den Weg gelegten Hindernisse dies Ziel auch erreichten. Während J^1 den Teil dieser Überlieferung, der sich auf die vor Israels Bedrückung in Ägypten liegende Zeit bezieht, vernachlässigte und durch die kanaanäische Patriarchen-Tradition, insbesondere durch die von ihr mit Ägypten in Verbindung gebrachte Joseph-Gestalt ersetzte und Israels Übertritt nach Ägypten — im Widerspruch mit der geschichtlichen Wirklichkeit, da keine der zu Joseph gerechneten israelitischen Gruppen in Ägypten gewesen ist — auf diese Weise erklärte, folgte er ihr in dem, was sie vom Aufenthalt Israels in Ägypten und seinem Auszug von dort sowie seinen dann in und um Kadesch erfahrenen Schicksalen zu sagen wußte. Auch für die Darstellung der nach ihm ja von Kadesch aus geschehenen Landnahme hält sich J^1 vorwiegend an die Tradition der Südstämme. Dagegen ist es fraglich, ob die von J^1 vorgenommene Einbeziehung auch Rubens und Machirs in die israelitische Gruppe, die einmal in Kadesch ihren Mittelpunkt gehabt hat und von dort, unmittelbar nach Norden ziehend, in Palästina eingedrungen ist, auf Tradition beruht oder erst durch die mit der Seßhaftwerdung der Südstämme im Negeb gegebene Verbindung dieser Stämme mit den bereits länger im Ostjordanland sitzenden Stämmen Ruben und Machir ermöglicht worden ist und dann wohl auf J^1 selbst zurückgeht. Für die letztere Möglichkeit spricht die Tatsache, daß Machir und Ruben im Debora-Lied als Teil der nördlichen Konföderation erscheinen, was die Annahme nahelegt, daß sie mit dem diese Konföderation tragenden »Hause Joseph« zusammen ihre in der Gegend des vulkanischen Sinai gelegene Urheimat verlassen haben und von dort unmittelbar in ihre palästinischen Sitze eingedrungen sind (S. 499 f. 558). Keinesfalls auf zuverlässiger Überlieferung beruht die Jdc *1* 23—25 von J¹ gegebene Darstellung, daß auch das »Haus Joseph« von Süden aus in Palästina eingedrungen sei und so den Vorstoß gegen Bethel unternommen habe. Vielmehr muß die an sich glaubwürdige Nachricht von der Eroberung Bethels durch Joseph letztlich auf die für J² maßgebende Überlieferung des Nordens zurückgehen, die Israel von Osten her in Palästina einrücken läßt. Wenn J¹ oder vielleicht auch schon eine vor ihm vorgenommene und von ihm vorgefundene Angleichung der nördlichen Überlieferung an die südliche jenes auf Joseph bezügliche Einzelgeschehen in die Landnahme der Südstämme einbezogen hat, so sollte damit nur den zur Zeit dieser Angleichung bestehenden und als wichtig empfundenen Beziehungen zwischen Nord und Süd Rechnung getragen werden (S. 420).

Innerhalb der Tradition der Südstämme nehmen die Überlieferungen über Levi insofern eine besondere Stelle ein, als der Stamm Levi allem Anschein nach keinen Teil der vom Sinai nach Kadesch übergesiedelten israelitischen Gruppe gebildet, sondern zu der schon vorher in und um Kadesch sitzenden Stämme- und Kultgemeinschaft gehört und sich samt dem von ihm besonders gepflegten Priestertum später der hierher gezogenen israelitischen Gruppe und ihrer Religion, der Verehrung des Jahwe vom Sinai, angeschlossen hat. Offenbar ist er dann etwa um die Zeit, da die Südstämme in den Süden Palästinas einzurücken begannen, von einer — in Gen 49 5—7 nachklingenden — furchtbaren Katastrophe betroffen worden, die seine Auflösung als politische Gemeinschaft mit sich gebracht hat. So erklärt es sich, daß J¹ Levi in seinem Bericht über die Landnahme Jdc 1 nicht berücksichtigt und ihn Ex 32 26—29 nur als Inhaber des Priestertums gelten läßt, wie denn die beiden in Jdc 17—21 vorkommenden Leviten in anderen Stämmen als Beisassen zu Gaste sind (S. 443. 471). Jedenfalls rührt aus der Tradition des Stammes Levi aber die Gestalt Moses her, die hier aufs engste mit Kadesch verbunden erscheint (S. 428), wo er als Priester und als Richter eine sehr ausgebreitete und sehr segensreiche Tätigkeit entfaltet. Diese Überlieferung hat ohne Zweifel einen geschichtlichen Kern. Ob das auch für die Erzählungen von Moses Geburt in Ägypten und seiner Heirat mit der Tochter eines kuschitischen oder midianitischen Priesters zutrifft, ist dagegen sehr fraglich. Was die erstere angeht, so spricht mancherlei für die Annahme, daß J¹ in dem bereits erwähnten (S. 38) Bestreben, die Erinnerungen an den vor ihrem Übertritt nach Ägypten liegenden Wüstenaufenthalt der Israeliten zugunsten der kanaanäischen Patriarchen-Tradition möglichst verblassen zu lassen, seinerseits die tatsächlich in Kadesch geschehene Geburt Moses nach Ägypten verlegt hat (S. 428), vielleicht in der Weise (S. 161), daß er ihm dort einen levitischen Vater und eine ägyptische Mutter gab, ein Erzählungszug, der

(S. 539) später doch dem verfeinerten nationalen Empfinden anstößig
erschien und daher von J² dahin abgeändert wurde, daß nicht seine
Mutter, sondern nur seine Adoptivmutter eine Ägypterin gewesen ist.
Die Erzählung von Moses Heirat mit einem kuschitischen oder midianitischen Weibe aber ist wohl als symbolisch-allegorische Einkleidung
der Tatsache zu verstehen, daß die von den Israeliten nach Kadesch
übertragene Religion von dem in Kusch oder Midian gelegenen Sinai
herrührt. »Mit der Erzählung von der Heirat stellt J¹ fest, daß der
Jahwe, in dessen Namen Mose in Kadesch redete, kein anderer war als
der Jahwe vom Sinai, und deutet in verhüllter Weise auf die Wanderung
der Südstämme oder doch ihres Kerns vom Sinai nach Kadesch hin,
deren ausdrückliche Darstellung er mit Rücksicht auf die von ihm in der
Genesis gebrachten kanaanäischen Erzählungen unterlassen mußte«
(S. 430f.). Während also Mose fest in der Tradition der Südstämme ver-
wurzelt ist und so in der Erzählung des J¹ eine ganz bedeutende Rolle
spielt, muß Josua, der bei J¹ überhaupt nicht vorkommt, dieser Tradition fremd gewesen sein (S. 420).

Die Tradition der Nordstämme, besonders des »Hauses Joseph« —
denn von den anderen Stämmen eigenen Traditionen hat sich fast keine
Spur erhalten —, die sich, wie wir sahen (S. 8), bei J² und, durch einen
besonderen Überlieferungsstrang bedingt, in etwas anderer Art bei E
(S. 8) spiegelt und von ihnen in ihren Erzählungen weiter ausgestaltet
ist, weist auch hinsichtlich der Patriarchenerzählungen ihre Besonderheiten der südlichen Tradition gegenüber auf. Davon ist hin und her
schon die Rede gewesen, so daß hier eine kurze Andeutung der wichtigsten Tatsachen genügt: Jakob, am Ostjordanland haftend, wird auch
für das Westjordanland in Anspruch genommen und hier namentlich
zu Sichem und Bethel in Beziehung gesetzt. Zu den fünf Söhnen Jakobs,
Ruben, Simeon, Levi, Juda, Joseph, die der südlichen Tradition oder
doch dem sie verwendenden J¹ bekannt waren, wurden außer Benjamin
der für J¹ in Joseph enthalten war, aber noch keine selbständige Größe
neben ihm bildete, die bekannten anderen sechs: Dan, Naphtali, Gad,
Ascher, Sebulon, Ischsakar hinzugefügt. Die Joseph-Geschichte, bei
J¹ ein ganz knapper Erzählungsfaden, erfuhr breite Ausspinnungen,
was weithin den Schriftstellern J² und E zuzuschreiben ist, aber zum
Teil in der von diesen verarbeiteten Tradition vorgebildet war (S. 420f.).
Viel stärker als bei den Patriarchen unterscheidet sich die Tradition
der Nordstämme von der des Südens hinsichtlich des Exodus und der
Landnahme, indem sie nicht Kadesch, sondern den Sinai (J²) oder den
Horeb (E) als das Ziel der aus Ägypten fortstrebenden Israeliten nennt
und sie nicht von Süden, sondern von Osten unter Überschreitung des
Jordans ins Westjordanland eindringen läßt. Die Vernachlässigung von
Kadesch erklärt sich dabei daraus, daß dieser Ort für die Vorfahren

der Nordstämme in der Tat keine Bedeutung gehabt hat. Aber die Hervorhebung des Sinai oder des Horeb als Stätte des für Israels ganze weitere Geschichte entscheidenden Bundesschlusses zwischen Gott und Volk ist nicht allein und nicht einmal in erster Linie als Nachklang der Tatsache anzusehen, daß die Vorfahren der Nordstämme um den vulkanischen Sinai oder aber, wie für einen Bruchteil von ihnen anzunehmen sein wird, um den auf dem Westteil der Sinai-Halbinsel gelegenen Horeb herum ihre Heimat hatten und von dort nach Palästina gezogen sind, sondern hat seinen Hauptgrund darin, daß eine im Kultus des kanaanäischen Baal-Berith zu Sichem gebräuchliche Bundeszeremonie von den mit der Besetzung Sichems in diesen Kultus hineinwachsenden Israeliten übernommen, auf ihren Jahwe übertragen und an die Stätte verlegt worden ist, die ihnen als der eigentliche Sitz ihres Gottes heilig war, an den Sinai, an dessen Stelle die für E maßgebende Nord-Überlieferung den ihr als Gottesberg geltenden Horeb gesetzt hat. SIMPSON stellt bei Kommentierung der zu E gehörigen Stücke Jos 24 1–25; 8 30–34 auf S. 648 den Hergang der Dinge so dar: »Als Moses Werk von der Tradition des Nordens angeeignet wurde, gewann allmählich die Vorstellung Raum, daß der Bund zwischen Jahwe und Israel durch ihn am Sinai geweiht worden sei. J² verleibte diese Tradition seiner Darstellung ein und überging dabei die Tradition des Bundesschlusses von Sichem. E, der im besonderen Sinne die Sichem-Tradition vertritt, verschob den durch Mose vollzogenen Bundesschluß von dem Sinai an den Horeb... und erwähnte zugleich den Bund von Sichem, den er sich als durch Mose (Dtn 27 2; 11 29 f.; 27 5–8) befohlen und durch Josua, Moses laienhaften Nachfolger, geweiht dachte«. Hier liegt also ein Fall vor, wo die israelitische Wüsten-Tradition und die kanaanäische Kulturland-Tradition ganz eng miteinander verschmolzen worden sind.

Die Tatsache, daß die von J² und von E für ihre Darstellung als maßgebend betrachtete nördliche Landnahme-Tradition die Israeliten nach Umgehung Edoms und Moabs von Osten her über den Jordan — sei es in der Höhe von Jericho, sei es weiter nördlich beim Einfluß des Jabbok in den Jordan — ins Westjordanland eindringen ließ, hat es mit sich gebracht, daß mit ihr Stücke der ostjordanländischen Tradition verbunden werden konnten, für die J¹, wenn sie ihm überhaupt bekannt geworden sind, in seinem im wesentlichen auf den Süden beschränkten Aufriß keine Verwendung hatte. Dahin gehört die der J²-Erzählung von der Auflehnung der ja zum Stamm Ruben gehörenden Dathan und Abiram Num 16 zugrunde liegende Überlieferung, die vielleicht durch einen im Ostjordanland vorhandenen eigenartigen Erdspalt veranlaßt war. Dahin gehört weiter die in der E-Erzählung von der Besiegung des Amoriterkönigs Sihon von Hesbon Num 21 23–30 festgehaltene Tradition, die jedenfalls an eine, wann immer anzusetzende, historische Gestalt dieses Namens anknüpft, mag es sich nun um einen amoritischen oder um einen moabitischen König handeln. Dahin gehört schließlich — um nur das noch zu nennen — die von J² und E in ihren Erzählungen verwertete Sage von Balak und Bileam, die, einerlei wie man ihren historischen Gehalt beurteilen mag, gewiß dem ostjordanländischen, am ehesten: rubenitischen Überlieferungsgut entnommen ist. Die von J² und von E für ihre Erzählung vom Jordan-Übergang und von den auf ihn folgenden Kämpfen mit den Kanaanäern verwendeten Überlieferungen sind, wie allgemein anerkannt und gerade in den letzten Jahren wiederholt dargestellt worden ist, weithin am Boden haftende ätiologische Sagen. Das gilt von der Stauung des Jordans und den aus seinem Bett mitgenommenen zwölf Steinen ebenso wie von dem Fall der Mauern Jerichos und dem im nahen Tal Achor gelegenen merkwürdigen Steinhaufen und trifft in gleicher Weise zu auf den am Tore der Stadt Ai über dem Leichnam ihres Königs errichteten gewaltigen Steinkegel und — um nicht mehr Beispiele zu nennen — auf die großen Steine, mit denen Josua die Höhle von Makkeda verschlossen hat, nachdem die Leichname von fünf Kanaanäerkönigen dort hinein geworfen waren. Außer solchen am Boden Palästinas haftenden ätiologischen Sagen haben J² und E für ihre Darstellung der von dem unter einheitlicher Führung stehenden Israel vorgenommenen Unterwerfung des Westjordanlandes Erinnerungen an Vorgänge der israelitischen Geschichte, die aber nicht der Landnahme-Zeit, sondern späteren Perioden angehören, benutzt. Das ist etwa in der J²-Erzählung von der Verurteilung der betrügerischen Gibeoniten zu Kultsklavendiensten Jos *9* und in der E-Erzählung von Josuas Sieg über Jabin von Hazor Jos *11* geschehen. Im ersten Falle handelt es sich um die etwa zu Sauls oder Davids Zeit am Heiligtum von Gilgal übliche Verwendung von kanaanäischen Tempelsklaven (S. 571), im zweiten Falle um einen tatsächlich von dem »Richter« Barak errungenen Erfolg, wie denn die Fortsetzung des hexateuchischen J, Jdc *4*, den Sieg über Jabin von Hazor auch tatsächlich dem Barak zuschreibt (S. 651 Anm. 1). Zu einer Einheit verschmolzen sind alle diese von J² und E bei ihrer Darstellung der Eroberung Kanaans verwerteten Überlieferungen aber dadurch, daß die von ihnen berichteten Taten einer Führer-Gestalt, Josua, zugeschrieben wurden. J² läßt ihn kurz vor Moses Tod durch Jahwe als dessen Nachfolger ernannt werden (Dtn *31* 14f. 32), während E, der auch sonst J² gegenüber Josuas Bedeutung wesentlich steigert, ihm bereits eine wichtige Rolle beim Bundesschluß Gottes mit dem Volke am Horeb (Ex *24* 14; *32* 17) und vor allem bei der Niederwerfung der Amalekiter (Ex *17*) zuschreibt. Woher J² und E oder die für sie maßgebende Überlieferung die J¹ unbekannte Josua-Gestalt genommen haben, läßt sich

nur vermuten, und SIMPSONs Vermutung geht in diese Richtung:
»In einem der Amarna-Briefe (Knudtzon Nr. 256) wird ein gewisser
Jaschuia als einer der Führer der Habiru (Hebräer-) -Banden erwähnt,
die aus der Wüste nach Palästina hineindrängen. Es ist nicht unmöglich,
daß diese unbedeutende historische Gestalt das Vorbild des Josua der
J²-Erzählung ist. Wenn das zutrifft, dann ist anzunehmen, daß unbe-
stimmte Erinnerungen an ihn sich unter den Joseph-Stämmen erhalten
hatten und daß J² oder die für ihn maßgebende Tradition bei der Zusammenfassung der mannigfachen Kampf-Sagen des Nordens zu ihm
griff und ihn emporhob zu der erdichteten Stellung des Führers von
ganz Israel« (S. 563).

VI. Die aus J¹, J² und E sowie aus den von ihnen verwerteten Traditionen erkennbaren historischen Tatbestände

Bei dem eben gegebenen Überblick über die mannigfachen Traditionen, die von J¹, J² und E für ihre Darstellungen benutzt worden sind, mußte hin und wieder die Frage schon gestreift werden, ob diese Überlieferungen und ihre Ausgestaltung durch die drei Autoren etwa als Niederschlag bestimmter geschichtlicher Ereignisse oder Zustände aufzufassen seien, und wenn ja, welcher? Aber diese Frage muß noch um ihrer selbst willen behandelt werden, um so mehr, als alle literarkritische Untersuchung und alle traditionsgeschichtliche Forschung schließlich doch auch die den von ihnen behandelten Texten zugrundeliegenden historischen Tatbestände feststellen möchte und es SIMPSON jedenfalls sehr ernsthaft um solche Erkenntnis zu tun ist (S. 425). Da — um hier von der Urgeschichte Gen *1—11* ganz abzusehen — die Patriarchen-Erzählungen der Genesis, wie wir sahen (S. 38—41), weithin kanaanäischen Ursprungs und mythisch-kultischer Art sind, also insofern wohl über die Anfänge der kanaanäischen Religion Auskunft geben können, aber hinsichtlich Israels nur für die Zeit nach der Landnahme als Quelle in Betracht kommen, aus der einige Geschehnisse und Zustände auf die Patriarchengestalten zurückprojiziert sind, beziehen sich die in den Büchern Exodus bis Josua oder bis Judicum *2* ₅ vorliegenden geschichtlichen Erinnerungen durchweg auf ältere Zeiten als die in der Genesis enthaltenen, und so empfiehlt es sich zuerst jene auf ihren geschichtlichen Gehalt hin zu prüfen. Da ist denn von vornherein zu erwarten, daß die von J¹, dem ältesten der drei vordeuteronomischen hexateuchischen Erzählungswerke, und der für ihn maßgebenden Überlieferung gebotenen Nachrichten historisch wertvoller sind als die in J² und E und in den von diesen ausgewerteten Überlieferungen enthalten. Weil aber J² und E keineswegs nur weithin denselben Erzählungsstoff wie J¹ bringen, sondern auch Überlieferungen zur Verfügung haben und auswerten, die J¹ unbekannt geblieben sind, enthalten auch sie verhältnismäßig viel historisch wertvolle Angaben.

Nicht erzählt, vielmehr wohl bewußt zugunsten der kanaanäischen Patriarchentradition, wie wir sahen (S. 38—39), übergangen sind die Anfänge der im späteren Israel zusammengeflossenen Gruppen, aber diese Anfänge lassen sich doch aus dem, was J¹, J² und E von der ihnen vorliegenden Überlieferung gebracht haben, mit einiger Sicherheit erschließen. Für die Mehrheit der Vorfahren des späteren Israel

ist danach anzunehmen, daß sie ursprünglich in dem vulkanischen
Hinterland der Nordostküste des Roten Meeres gesessen haben, von
wo sie um die Wende des 15. und 14. Jh.s v. Chr. ausgewandert
sind, die einen, die Vorfahren der südpalästinischen Stämme, in die
Gegend von Kadesch, die anderen, die Väter des Hauses Joseph —
vielleicht im Zuge der von den Amarna-Briefen bezeugten Völker-
Bewegungen (S. 425) —, ins Ost- und dann ins Westjordanland. Den
Kult ihres auf dem vulkanischen Sinai ansässigen Gottes Jahwe haben
sie dabei mitgenommen und nicht nur weiter gepflegt, sondern auch
weiter entwickelt, wobei wir wenigstens bei der ersten Gruppe erkennen
können, daß ein bestimmtes geschichtliches Ereignis, das Wunder am
Meer, und eine große Persönlichkeit, Mose, für diese Weiterentwicklung
von größter Bedeutung gewesen sind. Die vom Sinai nach Kadesch
übergesiedelte Gruppe ist, wohl vom Hunger getrieben, ganz oder teilweise nach Ägypten übergetreten, hat aber — damit setzt das uns von
der Überlieferung wirklich Erhaltene ein — hier allerlei Ungemach
erfahren und daher bald wieder nach Kadesch zurückgestrebt. Auf
dem Wege dahin ist sie am Meer in so wunderbarer Weise vor den sie
verfolgenden Ägyptern gerettet worden, daß sie darin nur die hilfreiche
Gnadentat ihres Gottes Jahwe sehen konnte, der damit zu ihr in ein besonders inniges Gemeinschafts-Verhältnis trat (S. 435). Ihr erneuter
Aufenthalt in Kadesch aber erhält dadurch sein Gepräge, daß Mose
als Priester und Richter ihre religiösen Anschauungen vergeistigt und
vertieft und ihre kultisch-rechtlichen Einrichtungen neu geordnet hat.
Zerwürfnisse mit den Stämmen, die vor den vom Sinai her gekommenen
Israeliten hier gesessen haben und ihre eigenen Götter und Kulte hatten,
haben offenbar die Israeliten von Kadesch fortgedrängt und sie zur
Suche neuer Wohnsitze oder Weideplätze genötigt. Bald nach dem
unfreiwilligen Aufbruch aus Kadesch scheint Mose gestorben zu sein,
so daß er an dem Beginn der Kämpfe um Kanaan keinen Anteil mehr
nehmen konnte, wie denn Num *21* 1–2 seinen Namen auch nicht nannte
(S. 446f. 564). So sind die Stämme, vorab Simeon und Juda, ohne
ihren Führer in den Negeb Palästinas eingedrungen und haben hier
ihre späteren Sitze gewonnen. Die, ebenfalls aus der Gegend des vulkanischen Sinai ausgezogenen, Vorfahren der Joseph-Stämme aber haben
sich, über den Jordan vordringend, im mittleren Palästina ihre Sitze
erobert, und mit ihnen werden auch wohl die Vorfahren der ostjordanischen Gruppen Ruben und Machir die Sinai-Gegend verlassen haben
und in ihre ostjordanischen Bezirke gezogen sein. Indes haben nicht
alle später in Israel aufgegangenen Gruppen den Nordostrand des
Roten Meeres als ihre Urheimat betrachtet. Die Vorfahren eines, wohl
nur kleinen, Teils der Nordstämme scheinen vielmehr von dem Westteil der Sinai-Halbinsel, wo sie den Berg Horeb als heiligen Berg und

den auf ihm beheimateten Gott als ihren Gott verehrten (S. 614), nach Palästina gekommen zu sein, auch auf dem Wege über das Ostjordanland, aber wohl eine Übergangsstelle über den Jordan benutzend, die weiter im Norden lag als die von der Hauptmasse der Nordstämme gebrauchte. Ihr Gott, der Herr des Horeb, ist, soweit die bei E erhaltene Erinnerung an ihn das erkennen läßt, ein Sturm- und Gewitter-, jedenfalls kein Vulkangott gewesen (S. 622), ohne daß sein Wesen in dieser naturhaften Funktion aufgegangen wäre. Sein Name bleibt uns unbekannt. Die infolge gemeinsamer Seßhaftwerdung in Palästina eintretende Berührung dieser vom Horeb gekommenen Gruppe und des vom Sinai ausgezogenen Hauptteils des »Hauses Joseph« hat die Verschmelzung der beiden Gottheiten mit sich gebracht, wobei die vom Sinai offenbar die stärkere war, jedenfalls die andere zur Preisgabe ihres Namens und zum Aufgehen in Jahwe genötigt hat. Einflüsse von den Südstämmen her haben dann bewirkt, daß auch Mose, der in Wahrheit zum Horeb und der von dort stammenden Gruppe keinerlei Beziehung gehabt hat, von der Überlieferung mit ihm in Verbindung gebracht worden ist. Aber zum Verzicht auf die Anerkennung des Horeb als ihres heiligen Berges hat sich die hier in Betracht kommende Gruppe trotzdem nicht veranlaßt gesehen, vielmehr ist für sie der Horeb die Offenbarungsstätte Jahwes geblieben (S. 614—615).

Was den Hergang der Landnahme im übrigen angeht, so stimmt SIMPSON darin mit der herrschenden Meinung überein, daß die das Buch Josua bestimmende Vorstellung, das unter Josuas Führung stehende einheitliche Israel habe das Westjordanland unterworfen, unzutreffend ist, schließt sich ihr aber auch mit der Annahme an, daß einzelne zutreffende Erinnerungen sich nicht nur bei J¹, sondern auch noch bei J² und bei E erhalten haben. Dahin gehören nach ihm die Angaben des J¹ über die Einnahme von Zephat durch Simeon und Juda Jdc *1* 17 und die Eroberung Bethels durch Joseph 23—25, wobei freilich der durch die J¹-Darstellung erweckte Schein, als ob es sich um zwei zur selben Bewegung gehörende, gleichzeitige Unternehmungen handle, zerstört werden muß. Dahin gehört weiter die von SIMPSON dem J² zugewiesene Liste der von den einzelnen Stämmen nicht eroberten Städte in 27—36. Dahin gehört schließlich — um es mit diesen paar Beispielen sein Bewenden haben zu lassen — eine nach SIMPSONs Meinung von Gen *48* 22 vorausgesetzte, uns nicht erhaltene E-Erzählung von der Eroberung Sichems durch Jakob, die sehr wohl der Niederschlag einer authentischen, sekundär mit Jakob verbundenen israelitischen Tradition sein kann (S. 598).

Auch die auf die Landnahme folgenden vier, fünf Jahrhunderte der israelitischen Geschichte werden an nicht wenigen Punkten durch Angaben der drei vordeuteronomischen hexateuchischen Erzählungswerke erhellt, und zwar kommt hier, wie schon erwähnt (S. 48), so merkwürdig das auf den ersten Blick erscheinen mag, auch und gerade der Anfang ihrer Darstellung, die Genesis, genauer: die darin enthaltene Patriarchen-Geschichte in Betracht, die ja einerseits bodenständiges mythisches kanaanäisches Material verwertet, anderseits mit den diesem Material entnommenen Gestalten mancherlei Begebnisse der späteren israelitischen Geschichte in Verbindung bringt. So spiegelt sich nach S. 461 in der J¹-Erzählung von Isaaks Bundesschluß mit Abimelech Gen *26* ₂₆₋₃₃ vielleicht ein Abkommen, das — doch wohl in Israels vorstaatlicher Zeit — die Bewohner von Beerseba mit den benachbarten Philistern getroffen haben, während der zur J²-Bileam-Erzählung gehörende, von SIMPSON ansprechend am Schluß um »über Amalek« vermehrte Halbvers Num *24* ₇ᵦ: »Höher als Agag ist sein König und erhaben sein Königtum über Amalek« in Ergänzung von 1. Sam *15* zeigt, daß Saul nicht nur tatsächlich über Amalek einen glänzenden Sieg errungen hat, sondern daß er darob auch von seinem Volk gebührend gefeiert worden ist, daß es also tendenziöser Entstellung der geschichtlichen Wirklichkeit zuzuschreiben ist, wenn Saul in der uns erhaltenen Überlieferung von ihm als ein ziemlich unglücklicher und erfolgloser Herrscher erscheint. — Für das Verständnis der Beziehungen Israels und — nach der Reichstrennung — Judas zu Edom ist die Jakob-Esau-Erzählung nicht ohne Bedeutung, und der dazu von ihr gelieferte Beitrag ist um so wichtiger, als die J²-Gestalt der Erzählung diese Beziehungen in anderer Beleuchtung erscheinen läßt als ihre E-Form. Bei J², der *Gen 27* erzählt, daß Isaak durch Jakob getäuscht, seinen eigentlich für den erstgeborenen Esau bestimmten Segen Jakob zugesprochen, sich damit verausgabt hat und nun Esaus flehentlich vorgetragene Bitte, ihn doch auch zu segnen, unerfüllt lassen muß, ist vorausgesetzt, daß die von David vollzogene Unterwerfung Edoms unter Israel (2. Sam *8* ₁₄) noch Bestand hat. Wenn E dagegen der Bitte des betrogenen Esau entspricht, auch ihm einen Segen erteilt und darin die Verheißung ausspricht, daß es ihm gelingen werde, das ihm von seinem Bruder auferlegte Joch von seinem Nacken abzuschütteln, so ist das als Spiegelung der Tatsache zu verstehen, daß Edom etwa anderthalb Jahrhunderte nach David den damals geschwächten Zustand Judas ausgenutzt hat und von Juda abgefallen ist (2. Kön *8* ₂₂). Aber die Zeit des geteilten Reiches spiegelt sich nicht erst in E, sondern auch schon in J², der mit der Ausgestaltung der schlichten Joseph-Erzählung des J¹, insbesondere mit der Hinzufügung des Erzählungszuges vom Ärmelkleid Josephs, einem königlichen Gewandstück, nachdrücklich den Anspruch der Joseph-Stämme auf eine von Juda unabhängige Herrschaftsstellung anmeldet (S. 523. 577).

4*

VII. Kritik der von SIMPSON vorgenommenen literarkritischen Analyse der vordeuteronomischen hexateuchischen Erzählung

Wenn es nun gilt, von den in SIMPSONs Buch vorgetragenen Auffassungen zunächst die literarkritische Analyse der hexateuchischen Erzählung nachzuprüfen, so empfiehlt es sich, vor allem die hier vollzogene Zerlegung des J-Gutes in eine ganz knappe Grunderzählung, J^1, und deren Ausweitung, J^2, dabei ins Auge zu fassen, da gerade die so geartete Analyse des J-Bestandes dem Buche sein eigentliches Gepräge gibt. Daß es sich auch da nur um Stichproben handeln kann, versteht sich von selbst. Aber die werden — so steht zu hoffen — zur Gewinnung eines einigermaßen begründeten Urteils auch wohl genügen.

Der J^1-Anteil an Gen *9* 20—27, der Erzählung von der Verfluchung Kanaans durch Noah, wird von SIMPSON auf *9* 20—25 bestimmt, doch so, daß in 20 אִישׁ הָאֲדָמָה »Ackersmann«, in 22 חָם אֲבִי »Ham, Vater des«, in 23 שֵׁם וָיֶפֶת »Sem und Japhet« zu tilgen und in Zusammenhang mit dieser letzten Streichung in 23 וַיִּקְחוּ »Und sie nahmen« statt וַיִּקַּח »Und er nahm« zu lesen ist. J^2 hat diese J^1-Erzählung so belassen, nur in Vers 20 das eben kenntlich gemachte »Ackersmann« hinzugefügt. Die übrigen Hinzufügungen sind redaktioneller Art und späteren Datums, und dasselbe gilt von den ganzen Versen 26 und 27. Nun herrscht darüber, daß »Ham, Vater des« in 22 redaktionelle Zutat ist, unter den Sachverständigen volle Übereinstimmung, und auch mit der Möglichkeit wird gerechnet, daß die Sprüche über Sem und Japhet in 26—27 nachträgliche Erweiterung erfahren haben. Aber das Herausbrechen der Namen »Sem und Japhet« in 23 und die Streichung der Sprüche über Sem und Japhet in 26—27 überhaupt läßt sich keinesfalls als geboten erweisen. Die von SIMPSON für diese Maßnahme angeführten Gründe sind nicht durchschlagend. Gewiß braucht nach וַיֹּאמֶר »Und er sprach« in 25 dies am Anfang von 26, wo Noahs in 25 begonnene Rede weiter läuft, nicht wiederholt zu werden. Aber die Wiederaufnahme des eine Rede eröffnenden »Und er sprach« findet sich gar nicht selten und kann in unserem Falle dadurch veranlaßt sein, daß so der Unterschied des 26—27 Noah in den Mund gelegten Segens über Sem und Japhet von dem 25 durch ihn ausgesprochenen Fluche über Kanaan nachdrücklich unterstrichen werden soll. Ebensowenig wie die Wiederholung »Und er sprach« am Anfang von 26 kann als Argument für den Nachtragscharakter von 26—27 die Tatsache geltend gemacht werden, daß die

zweiten Hälften von 26 und 27 mit ihrem »sei ihm Knecht!« an »Knecht
der Knechte sei er seinen Brüdern!« von 25 anklingen. SIMPSON beurteilt das als eine matte Wiederholung, die dem ursprünglichen Erzähler
nicht zuzutrauen wäre. Aber man kann darin mit demselben Recht
eine wuchtige Unterstreichung des 25 über Kanaan ergangenen furchtbaren Fluches erblicken. Das Herausbrechen von »Sem und Japhet«
aus 23 wird damit begründet, daß man die Nennung der Namen da
erwarten sollte, wo von den Brüdern Kanaans das erste Mal die Rede
ist, also hinter אֶחָיו »seine Brüder« am Schluß von 22, und es aus
dem Eingriff einer zweiten Hand, die erst von sich aus die bei J¹ ohne
Namen eingeführten Brüder Kanaans benannt habe, zu erklären sei,
wenn die Namen nachklappten. Aber ²² »Kanaan.... teilte es seinen
Brüdern mit. ²³ Und es nahmen Sem und Japhet das Gewand« stellt
wie im Deutschen so auch im Hebräischen eine sachlich und sprachlich
durchaus verständliche Folge dar, in der — sei es dem Erzähler bewußt,
sei es unbewußt — die Brüder Kanaans erst da mit ihren Namen genannt werden, wo sie, wie es 23 der Fall ist, handelnd auftreten, während
sie vorher bloßes Objekt einer Mitteilung sind. Der Hinweis darauf
schließlich, daß der J² gehörige Satz 10 21: »Und Sem, dem älteren
Bruder Japhets, ihm wurde Eber geboren« die Einführung des bisher
dem Leser unbekannten Sem darstelle, also seine vorherige Nennung
ausschließe und damit »Sem und Japhet« in 9 23 sowie 9 26—27 als
sekundär ausweise, hätte nur dann Beweiskraft, wenn es wirklich zu-
träfe, daß J² eine bloße Ergänzung von J¹ darstellt, aber keine selb-
ständig neben ihm stehende und ihm parallel laufende Erzählung
(S. 333). Ist J² ein in sich geschlossenes und auf eigenen Füßen ste-
hendes Erzählungswerk, das gewiß in vieler Hinsicht sich J¹ zum Vorbild genommen hat, aber im übrigen nicht zu seiner Ergänzung, sondern
eher zu seinem Ersatz bestimmt ist und erst später durch einen Redaktor
mit J¹ verschmolzen worden ist, so verliert der Hinweis auf 10 21 für
unsere Frage jede Bedeutung. Denn dann gehört ja 9 20—27 einem
anderen Faden als der J²-Bestand von 10 an, so daß aus einer 10 21
etwa geschehenden Neueinführung Sems nicht geschlossen werden darf,
in 9 20—27 könne dieser Name noch nicht genannt gewesen sein. Damit
ist die Erörterung bereits an einen für die Kritik der SIMPSONschen
Analyse entscheidenden, vielleicht den entscheidenden Punkt geraten,
an die im folgenden mehrfach anzuschneidende Frage, ob J² als Ergänzung von J¹ oder aber als Paralleldarstellung zu ihm aufzufassen
ist, ob also bei der Entwirrung des hexateuchischen J-Bestandes die
Quellen- oder die Ergänzungs-Hypothese den größten Dienst leiste.
Denn darüber, daß auch bei der Annahme zweier J-Parallelfäden, also
bei bevorzugter Anwendung der Quellen-Hypothese, zugleich mit Ergänzungen zu rechnen ist, die J¹ und J² erfahren haben, also auch die

Ergänzungs-Hypothese zu ihrem Recht kommen muß, kann kein Zweifel sein. Die Frage ist nur die, welche Methode der Analyse zugrunde zu legen, und welche dann hier und da zur Hilfe zu rufen ist. Unser Fall führt uns in Gen 9 20—27 drei politisch-geographische Größen mit einem auf Palästina beschränkten Horizont — denn Sem ist Israel, Japhet sind so gut wie sicher die Philister, und unter Kanaan müssen die von Israel und den Philistern unterworfenen Kanaanäer verstanden werden — als Noah-Söhne vor und zeigt uns in dem J-Anteil von 10 drei Größen von weltweitem Bereich, einerlei ob man hier, wie es gewöhnlich geschieht, Sem, Japhet, Ham oder, wie SIMPSON möchte, Sem, Japhet, Kanaan als Söhne Noahs genannt findet. Dieses Nebeneinander erklärt sich doch wohl durch die Annahme, daß hier zwei parallele Noah-Stammbäume vorliegen, von denen der durch einen weiteren Horizont ausgezeichnete der jüngere sein wird und den älteren der fortgeschrittenen Entwicklung entsprechend ersetzen will, daß also 9 20—27 einerseits und der J-Anteil von Gen 10 andererseits zwei parallelen, von verschiedenen Autoren herrührenden und erst sekundär addierten Erzählungsfäden angehören, leichter als bei der von SIMPSON vertretenen Auffassung, J² habe das Werk des J¹ bloß ergänzt und so zu dem aus J¹ übernommenen Noah-Stammbaum 9 20—27 von sich aus den J-Noah-Stammbaum von 10 hinzugefügt, eine Auffassung, die sich noch dazu nur bei erheblichen Eingriffen in den Bestand von 9 20—27 aufrecht erhalten läßt.

Wie bei 9 20—27 so geben auch die bei dem J-Gut, will sagen: bei dem um den P-Anteil an dem Kapitel, also um 1a. 2—7. 20. 22. 23. 31. 32. gekürzten Bestand von 10 durch SIMPSON vorgenommenen Streichungen zu ernsthaften Bedenken Anlaß, so gewiß es anderseits ist, daß der ursprüngliche J-Bestand allerlei sekundäre Erweiterungen erfahren hat. Zunächst wird 1b trotz des für J charakteristischen וַיִּוָּלְדוּ לָהֶם »und es wurden ihnen geboren« J² abgesprochen und von R^P hergeleitet, weil der Halbvers die vorherige Nennung der drei Söhne Noahs voraussetze, während J² an der allein dafür in Betracht kommenden Stelle, bei der Verfluchung Kanaans durch Noah 9 20—27, nach SIMPSONs vorhin dargelegter Auffassung doch nur Kanaan mit Namen genannt habe. Dies Argument verliert indes seine Beweiskraft, wenn, wie vorhin dargelegt, 9 20—27 gar nicht demselben Erzählungsfaden angehört wie der J-Anteil von 10, J², sondern einem älteren, J¹, zugewiesen werden muß. Damit fallen nämlich die von SIMPSON (S. 63) gegen die ziemlich allgemein angenommene J²-Zugehörigkeit von 9 18—19: »Und es waren die Söhne Noahs, die aus der Arche herausgingen, Sem und Ham und Japhet... Diese drei waren die Söhne Noahs, und von diesen stammt die ganze Welt ab« geäußerten Bedenken, die auf der Bestreitung des Vorliegens zweier paralleler J-Noah-Stämme — Sem, Japhet, Kanaan einerseits, Sem, Ham, Japhet oder vielleicht ursprünglich hier in der Folge: Sem, Japhet, Ham anderseits — beruhen, dahin, da dann dem Satze *10* 1b »und es wurden ihnen Söhne geboren nach der Flut« die Benennung dieser Noah-Söhne in *9* 18–19 unmittelbar vorangeht.

Darüber, daß der J-Anteil an *10* mannigfache sekundäre Hinzufügungen erfahren hat, herrscht im übrigen weithin Einstimmigkeit, und so kann sich SIMPSON bei der Ausscheidung von 9. 13–14. 16–18. 24. 26–29 und einiger Versteile auf viele Vorgänger berufen und des allgemeinen Beifalls sicher sein. Anders liegt es aber bei 10 *αβ* — 12. 19. 30, also den Angaben über die Ausdehnung des Reiches Nimrods, das Gebiet des Kanaaniters und den Wohnsitzbereich Joktans. Denn hier handelt es sich nicht wie bei 13–14. 16–18. 26–29 um Auffüllungen oder Ausweitungen von Namen-Listen, wie sie an sich nahe liegen und hin und her in AT zu beobachten sind, sondern um konkrete, farbige Mitteilungen, die etwas Neues bringen und ganz und gar nicht den Eindruck sekundärer Zutaten machen, um so weniger, als es sehr sinnvoll ist, daß die Ausdehnung des babylonisch-assyrischen Reiches, die in ganz besonderem Maße durch Aufblühen und Welken von Städten bedingt ist, an der Gründung bestimmter Städte in Babylonien und Assyrien veranschaulicht wird, während bei Kanaan und Joktan die Grenzen ihres Wohngebietes angegeben werden. Im einzelnen wendet SIMPSON gegen die Zugehörigkeit von 10 *αβ* –12 zu J² ein, daß schwerlich von vier Städten gesagt werden könnte, sie hätten den Anfang eines Reiches gebildet, weil eben doch nur e i n e Stadt seine Keimzelle gewesen sein müsse. So könne dem J² nur 10 *αβ* »Und es war der Anfang seines Reiches Babel« zugetraut werden, während 10 *αβ* –12 als sekundäre Hinzufügung zu betrachten sei. Aber der Sinn von 10–12 ist doch offenbar der, darzulegen, wie sich das zunächst auf Sinear, d. h. Babylonien, beschränkte Reich Nimrods später auf Assyrien ausgedehnt hat. Der »Anfang« ist also von vornherein im Blick auf ein zweites Stadium geschrieben, auf das durch 11 kenntlich gemachte: »Aus diesem Lande zog er nach Assur«, ein Aufbau, der noch klarer herauskommt, wenn man — ungeachtet des von A. S. YAHUDA in Journal of Biblical Literature 65, 1946, S. 325—327 dagegen erhobenen Widerspruchs — mit W. F. ALBRIGHT, Journal Near Eastern Studies 3, 1944, S. 254f. in 10 statt des rätselhaften, trotz aller Bemühungen als Stadtnamen noch ungeklärt gebliebenen וְכַלְנֵה »und Kalneh« liest וְכֻלָּנָה »und sie alle«, so daß der Nennung der drei Städte Babel, Erech und Akkad die Bemerkung folgt: »und sie alle liegen im Lande Sinear«. 19 will SIMPSON darum für sekundär angesehen wissen, weil die hier für den Bereich Kanaans oder des Kanaaniters angegebenen Grenzen — Sidon im Norden und Gaza im Süden — zu 15, wo als Sohn Kanaans außer Sidon auch Heth genannt wird, nicht paßten. Offenbar — er spricht

sich nicht ausdrücklich darüber aus — bezieht SIMPSON den 15 genannten Heth auf die kleinasiatischen oder doch wenigstens auf die
nordsyrischen Hethiter, deren Gebiet ja dann in der Tat über die Grenz-
angaben von 19 hinausragt. Aber zu dieser Auffassung von Heth in
unserer Stelle liegt kein Anlaß vor. Auch an anderen Stellen des AT
bezeichnet das Wort oder das von ihm abgeleitete Gentilicium חִתִּי
»Hethiter« deutlich eine in Palästina sitzende Gruppe, bald so, daß
sie eine neben anderen ist (Gen 15 20; Ex 3 8 u. ö.), bald so, daß sie
die ganze vorisraelitische Bevölkerung Palästinas oder doch ihre Hauptmasse darstellt (Gen 27 46; Jos 1 4 u. ö.). Wie diese Verwendung von
Heth und Hethiter zu erklären ist, ob es sich hier um einen dem der
kleinasiatisch-nordsyrischen Hethiter nur zufällig gleichen Namen handelt, der aber eine ganz andere Gruppe meint oder ob — ähnlich wie
doch wohl der Name »Amoriter« — das Heth und Hethiter der betreffenden Stellen des AT wirklich der Name des kleinasiatischen Volkes
und seiner nordsyrischen Erben ist, der infolge uns nicht durchsichtiger
Völkerbewegungen oder auch Mißverständnisse eine merkwürdige Ver-
schiebung seines Bereiches, nämlich auf die vorisraelitische Bevölkerung
Palästinas oder einen Teil von ihr erfahren hat, steht dahin. Jedenfalls
kann und wird der 10 15 genannte Heth neben Sidon, dem Ahnen der
Phönizier, die vorisraelitische Bevölkerung Palästinas bezeichnen, die
dann in der Tat, wie es 19 besagt, in dem durch Sidon im Norden und
Gaza im Süden begrenzten Bereich ihre Wohnsitze hat. Ein weiteres
gegen die Zugehörigkeit von 19 zu J² geltend gemachtes Bedenken ist
die hier vorkommende Verwendung des Gentiliciums »der Kanaaniter«,
während 15 vom Eponymos Kanaan die Rede ist. Aber nichts nötigt
zu der Annahme, J² habe in seinem Stammbaum der Noah-Söhne die
Fiktion, es handle sich da immer um Einzelpersonen, ganz streng festgehalten. Vielmehr ist den Verfassern solcher Stammbäume — und so
auch J² — gewiß von vornherein bewußt gewesen, daß die von ihnen vorgeführten Eponymen in Wahrheit Völker und Stämme repräsentieren,
und so haben sie auch ohne Bedenken gelegentlich statt des mit dem
Namen des Volkes oder Stammes identischen Eponymen-Namens das
davon abgeleitete Gentilicium gebrauchen können. Damit ist zugleich
eines der von SIMPSON gegen die Ursprünglichkeit von 30 vorgebrachten
beiden Bedenken hinfällig geworden, dies nämlich, daß die hier stehende
Grenzangabe nicht zu der in 25 geschehenen Nennung von Einzelpersonen passe. Der zweite Einwand aber, der Vers sei unvereinbar
mit 11 2, setzt voraus, daß, wie der J-Anteil an 10, auch 2 der im übrigen
von J² aus J¹ übernommenen Erzählung vom Turmbau zu Babel 11
von J² herrühre. Das ist ganz unwahrscheinlich, und so verliert auch
das zweite gegen die Ursprünglichkeit von 10 30 vorgebrachte Bedenken
sein Gewicht.

Seiner Auffassung, daß J^2 das ältere, ganz knappe Erzählungswerk des J^1 ergänzt habe und daß das so entstandene umfassende Erzählungswerk zum mindesten relativ einheitlich sei, entsprechend, sucht SIMPSON darzutun, daß auch die Erzählung von Kanaans Verfluchung durch Noah 9 20–25, die »Völkertafel« *10* 15. 8. 10. 21. 25 und die Erzählung vom Turmbau zu Babel *11* 2. 4–6. 8 zusammenpassen und sich nicht etwa gegenseitig ausschließen. So nimmt er an, daß der J^1 J^2-Bestand von *10*, aus dem nur die Namen von zwei Söhnen Noahs, nämlich Japhet und Sem erhalten sind, als dritten den in 9 20–25 erwähnten Kanaan und nicht etwa, wie man übereinstimmend meint, den im Bestand von *10* vorkommenden Ham genannt habe. In Verfolg dieser Annahme stellt er 15 an den Anfang seiner J^1 J^2-Völkertafel, ergänzt dann die Nennung von Kusch und Mizraim als Söhne Japhets und läßt auf diese Ergänzung 8. 21. 25 folgen, so daß — bei Kursivdruck des von J^2 aus J^1 übernommenen 8 — der J^1 J^2-Bestand von *10* so aussieht: 15 »Und Kanaan erzeugte Sidon, seinen Erstgeborenen, und Heth. [Und dem Japhet, dem älteren Bruder Kanaans, dem wurden Kusch und Mizraim geboren.] 8 *Und Kusch erzeugte Nimrod; der wurde der erste Gewaltige auf Erden.* 10 Und der Anfang seines Reiches war Babel. 21 Und dem Sem, dem älteren Bruder Japhets, dem wurde Eber geboren. 25 Und dem Eber wurden zwei Söhne geboren. Der Name des einen war Peleg; denn in seinen Tagen wurde die Erde geteilt. Und seines Bruders Name war Joktan«. Aber der literarische Befund von *10* begünstigt weder die Annahme, daß J^2 Kanaan als Sohn Noahs genannt habe, noch die andere, daß bei ihm Kusch und Mizraim als Söhne Japhets aufgeführt worden seien. Die Dinge liegen doch so: In die so gut wie vollständig erhaltene Völkertafel des P sind — abgesehen von den Überschriften über die ganze Tafel und über die Sem-Genealogie 1b. 21 — an zwei Stellen, nämlich in den von Ham und in den von Sem handelnden Abschnitt, größere J-Stücke eingeschoben worden. Bei Ham ist das so geschehen, daß drei der von P als Ham-Söhne genannten, nämlich Kusch, Mizraim und Kanaan, nach J — Kusch und Kanaan nach J^2, Mizraim nach einer späteren J-Hand — in ihrer Genealogie weiter verfolgt werden. Das setzt voraus oder läßt zum mindesten die Annahme als selbstverständlich erscheinen, daß auch die vollständige J^2-Völkertafel Ham als Vater der drei oder — da Mizraim sekundär ist — der beiden, Kuschs und Kanaans, gekannt habe. SIMPSONs, mit der Umstellung von 15 und der Ergänzung des eben in eckige Klammern gesetzten Satzes verbundene, Behauptung, in der J^2-Völkertafel hätte Kanaan als Sohn Noahs, die nach *10* 6 P und *10* 8–19 J derselben Generation wie Kanaan angehörenden, nämlich wie dieser als Söhne Hams aufgeführten Kusch und Mizraim aber als Söhne Japhets gegolten, erscheint demgegenüber als willkürlich und erklärt sich offenbar auch

nur aus der mit der Annahme, J² sei eine Ergänzung von J¹, aber nicht
eine Parallele dazu, gegebenen Nötigung, den J¹ J²-Bestand von *10*
dem von *9* 20—27 anzupassen.

Noch eine zweite, an SIMPSONs Analyse des J-Bestandes von *10*
zu machende Beobachtung läßt die Haltbarkeit seiner These, J²️ sei
der Ergänzer von J¹, und die Zulässigkeit seines auf ihr beruhenden
Versuches, durch Beseitigung dieser angeblichen Ergänzungen einen
dünnen fortlaufenden J¹-Erzählungsfaden herauszuschälen, in bedenk-
lichem Lichte erscheinen. Wie soeben dargelegt, stammt in *10* von J¹
nur 8, die Mitteilung, daß der Kusch-Sohn Nimrod der erste Gewaltige
auf Erden geworden sei. Was SIMPSON zu der Herleitung dieser Angabe
von J¹ bestimmt, ist die Tatsache, daß in ihr — ähnlich wie *4* 20—22. 26,
5 29, wo »Und Noah wurde der erste Ackerbauer« von SIMPSON ergänzt wird, und *9* 20 — von den Anfängen einer Betätigung oder eines Be-
rufes die Rede ist, und der Wunsch, diese Angaben zu einem Erzählungsfaden zu verknüpfen, der von solchen Anfängen, nämlich dem der An-
rufung Jahwes, des Ackerbaus, des Weinbaus, der Gewaltigen (*gibbōrîm*),
der Riesen (*neᵖhīlîm*; in *6* 2 von SIMPSON für J¹ ergänzt, mit Stellung
von *6* 2 vor *10* 8), berichtet und dann die Zerstreuung der bis dahin
eine Einheit bildenden Menschen über die Erde darstellt (*11* 4—6. 8).
Nun wäre eine derartige Darstellung selbstverständlich sinnvoll, und
die Möglichkeit, daß dergleichen in *1—11* enthalten ist und daraus
herausgelöst werden kann, ist durchaus anzuerkennen. Nur müssen
sich einerseits für die Zusammengehörigkeit der betreffenden Stücke
positive Gründe beibringen lassen, und anderseits darf ihre Herauslösung nur dann geschehen, wenn nicht durch sie ein sinnvoller Zusammenhang zerrissen wird. In unserem Falle liegt es aber so, daß die
10 8 von Nimrod gemachte Aussage: »Der wurde der erste Gewaltige
auf Erden« offenbar von vornherein auf die Fortsetzung in 10 »Und es
war der Anfang seines Reiches Babel usw.« angelegt ist, 8 allein also
einen Torso darstellt. SIMPSON würde das freilich nicht zugeben, da
nach seiner Meinung *10* 8 nach dem — von ihm ergänzten — Schluß
von *6* 2 »und sie wurden schwanger und gebaren die Riesen (*neᵖhīlîm*)«
zu verstehen, das *gibbôr* von *10* 8 also ebenso wie *neᵖhīlîm* von *6* 2 nicht
auf eine bestimmte Gestalt der Geschichte, sondern auf eine Gattung
übermenschlicher Lebewesen zu beziehen sein soll. Daß dies Verständnis
von *gibbôr* an sich möglich wäre, zeigt *6* 2, wo — einerlei von wessen
Hand — die *gibbōrîm* und die *neᵖhīlîm* gleichgesetzt und beide Worte
als Bezeichnungen von Riesen gebraucht werden. Aber da bedeutet
gibbōrîm doch eben dasselbe wie *neᵖhīlîm*, während SIMPSON die beiden
Begriffe unterscheiden und als Benennungen verschiedener Arten übermenschlicher Wesen verstehen will, ohne recht klar machen zu können,
worin dieser Unterschied besteht (S. 452). Zudem bringt das Verständnis

von *gibbôr* in *10* 8 als Bezeichnung einer — nicht auf eine bestimmte geschichtliche Erscheinung bezogenen — Gattung von Lebewesen für SIMPSON die Notwendigkeit mit sich, *6* 2 vor *10* 8 zu stellen. In der uns überlieferten Folge der Erzählungen ist *6* 1–4 freilich so zu verstehen, daß es die Entstehung einer bis dahin nicht erwähnten Gattung berichtet, *10* 8 dagegen deutlich so, daß hier von einer Gestalt der Geschichte die Rede ist, und es besteht kein zureichender Grund, dies durch den jetzigen Zusammenhang geforderte Verständnis der Nimrod-Gestalt dem ursprünglichen Erzähler abzusprechen. Läßt sich mithin die Isolierung von *10* 8 nicht rechtfertigen, so ist die Tatsache, daß die Stellen *4* 20–22. 26; *5* 29; *9* 20; *10* 8 wenigstens zum Teil (»dieser fing an« oder ähnlich) einen ähnlichen Sprachgebrauch aufweisen, bei weitem kein hinlänglicher Grund für ihre Zuweisung an denselben Erzählungsfaden. — Die Möglichkeit, aus einem umfassenden Erzählungswerk ein paar sprachlich und sachlich ähnliche Stellen herauszusuchen und sie zu einem ganz dünnen, aber zusammenhängenden Faden zu verbinden, dürfte überall gegeben sein, bedeutet aber selbstverständlich keinen Beweis dafür, daß solch ein Faden dem umfassenderen Erzählungswerk zugrunde liegt und dieses dessen Ergänzung darstellt. Wir werden sehen, daß über den von SIMPSON aus der Joseph-Erzählung ausgelösten J-Faden ebenso zu urteilen ist. (S. 64—79).

Nach alledem wird man bei der von SMEND und anderen vertretenen Meinung bleiben müssen, daß der Noah-Stammbaum *9* 20–27 mit Nennung von Sem, Japhet, Kanaan als Söhnen Noahs und der aus *10* herauslösbare J-Noah-Stammbaum, nach dem Sem, Japhet, Ham Noahs Söhne sind, einander parallel laufende Entwürfe darstellen und insofern sich gegenseitig ausschließen. Gehört, was wahrscheinlich ist, *9* 20–27 zu J[1] und *10* J zu J[2], so nötigt das, soweit aus solch einem Einzelfall etwas gefolgert werden darf, zu der Annahme, daß J[2] eine Parallele zu J[1], aber nicht eine Ergänzung von ihm darstellt.

Wie SIMPSON den J[1] J[2]-Anteil am J-Bestand von *10* auf ein Minimum reduziert, so hält er von *22* 20–24, der als Bericht an Abraham gestalteten Aufzählung der Nachkommen Nahors nur 20 für J[2]-Gut, die — an sich alte und wertvolle — Liste der Namen aber für sekundär eingeschoben. Aber abgesehen davon, daß die Annahme sekundären Einschubs sachlich alter und wertvoller Angaben in die Hexateuch-Quellen überhaupt mißlich ist, bedarf die keineswegs von SIMPSON allein vertretene Auffassung, Namen-Listen von der Art der in *22* 21–24 mitgeteilten, stellten eine erst sekundär eingetretene Störung der ursprünglichen glatt dahin fließenden Erzählung dar, der Revision. Es fehlt nämlich nicht an Belegen dafür, daß am Anfang der Entwicklung gerade solche Listen stehen, denen — wie hier — nur ein ganz dürftiges Erzählungsgewand umgehängt ist, und auch der von SIMPSON an

J^1 gewiesene Bestand weist derartiges auf. Man denke etwa an die Thamar-Geschichte Gen *38* oder die Othniel-Achsa-Erzählung Jdc *1* 12—15, die beide nach SIMPSON J^1 angehören. Beide Male steht das allerlei Namen aufweisende stammesgeschichtliche Element durchaus im Vordergrund, während dichterische Motive nur so weit verwendet werden, als es zur Ermöglichung einer Handlung unbedingt nötig ist. Man stelle, um das zu erkennen, diesen beiden Erzählungen etwa die Erzählung von der Werbung um die Rebekka *24* oder die Joseph-Geschichte *37*; *39—48*; *50* gegenüber, in denen das stammesgeschichtliche Element von dem dichterischen völlig überwuchert wird und Hörer und Leser es ganz vergessen, daß es sich um Völker- und Stämme-Schicksale handelt, und sich vielmehr einbilden, es sei von Einzelmenschen die Rede, die an kein bestimmtes Volk und keinen bestimmten Stamm gebunden sind. Der Unterschied erklärt sich offenbar daraus, daß die Verhältnisse, die jene namenreichen und motivarmen Erzählungen hervorgebracht und verständlich gemacht hatten, dahin waren und die neue Zeit zwar die Hauptgestalten jener Erzählungen als ihre Vorfahren im Gedächtnis behielt, aber für die Zusammenhänge, in denen sie gestanden hatten, kein Interesse mehr aufbrachte. So wandte sie nun ihre ganze Liebe und ihre ganze dichterische Kraft an diese Hauptgestalten. Waren sie vorher schemenhafte Verkörperungen von Völkern und Stämmen und anderen Gruppen gewesen, so wurden sie nun zu Menschen von Fleisch und Blut. Aber in demselben Maße, wie diese Menschen an Farbigkeit zunahmen, verblaßten die völker- und stammesgeschichtlichen Verhältnisse, als deren Repräsentanten sie zu Anfang gedacht waren. Rückt man *22* 20—24 in diesen Zusammenhang hinein, so gewinnt das Stück durchaus altertümliches Gepräge, und dieser Eindruck wird noch durch eine Einzelbeobachtung verstärkt. Dem Nahor wird außer seiner Hauptfrau Milka, die bereits *11* 29 genannt war, in *22* 24 noch ein Kebsweib mit Namen Re'uma zugeschrieben, wie das ähnlich *25* 6 auch bei Abraham und *35* 21—22 bei Jakob geschieht. Abraham und Jakob werden bekanntlich sonst außer ihren Gemahlinnen, also außer Sara einerseits und Lea und Rahel anderseits, keine Frauen zugeschrieben, vielmehr wird erzählt, daß diese von sich aus unter bestimmten Umständen ihren Männern eine ihrer Mägde zu geschlechtlichem Umgang zuweisen, um die von ihnen geborenen Kinder für sich in Anspruch zu nehmen. Nun ist die Vorstellung, daß die Patriarchen neben ihren eigentlichen Frauen Kebsweiber gehabt hätten, gewiß altertümlicher als die, nach der es ins Belieben ihrer Hauptfrauen gestellt ist, ob sie ihnen eine ihrer Sklavinnen zum Zwecke der Kinder-Erzeugung überlassen wollen oder nicht; denn diese bedeutet jener gegenüber ein Eintreten für Monogamie und Frauenrecht. Daher wird man die Erzählungen, die von Kebsweibern der Patriarchen zu

sagen wissen, für älter halten müssen als die, in denen die Kebsweiber
durch die Sklavinnen der Hauptfrauen ersetzt sind. Da diese ganz allgemein, auch von SIMPSON, J^2 und E zugeschrieben werden, käme
für jene J^1 in Betracht, und an Herleitung von J^1 wird man dann auch
bei unserem Stück, *22* 20—24, denken müssen.

Die Notiz über die Nachkommen der Ketura *25* 1—6, von der eben
schon gesagt ist, daß sie Abraham Kebsweiber — ursprünglich, wie
gleich zu zeigen ist, nur ein Kebsweib, die Ketura — zuschreibt, bedarf
noch einer besonderen Betrachtung. Unter Berufung auf Vorgänger erklärt SIMPSON das Stück für einen späten Einschub in J^2 (S. 91), wobei
er jedoch 5 ausnimmt, nämlich diesen Vers J^2 zuerkennt und von ihm
annimmt, daß er hier hinter *24* 1 gestanden habe (S. 507). Die soeben
bei *22* 20—24 über das Verhältnis der an dichterischen Motiven armen,
aber an volks- und stammesgeschichtlichen Gegebenheiten reichen Erzählungen zu denen, die den umgekehrten Anteil der beiden Elemente
aufweisen, und über »Kebsweib« gemachten Ausführungen lassen jedoch
eine Nachprüfung des üblichen Urteils über *25* 1—6 als angezeigt erscheinen. Zunächst eine textkritische Bemerkung: 6 besagt jetzt, daß
Abraham den Söhnen seiner Kebsweiber Anteile gegeben und sie noch
zu seinen Lebzeiten von Isaak weg nach Osten ins Ostland geschickt
habe. Vorher ist aber nur von den Nachkommen der Ketura, also eines
Weibes Abrahams, die Rede gewesen, und daher sollte man erwarten,
daß auch nur von deren Nachkommen die Entsendung nach Osten
erzählt würde. Das wäre der Fall, wenn es in 6 statt »Die Kebsweiber
Abrahams« hieße »Das Kebsweib Abrahams« oder »Sein Kebsweib«,
worunter dann die in 1 genannte Ketura zu verstehen ist. Nun wäre
die Änderung des für 6 etwa als Urtext anzunehmenden Singulars von
»Kebsweib« in den Plural sehr leicht zu erklären. Einem Redaktor
lag daran, mit Nachdruck hervorzuheben, daß inbezug auf Abrahams
Haupteigentum, d. h. den Anspruch auf den Besitz des Landes Kanaan,
Isaak wirklich der alleinige Erbe sei, das ihm kein anderer Nachkomme
Abrahams streitig machen könne. So dehnte er die in der ursprünglichen Erzählung nur von den Nachkommen der Ketura, des Kebsweibes Abrahams, gemachte Aussage, daß sie Isaak hätten weichen
müssen, auch auf die Nachkommen der Hagar und etwaiger — vom
Redaktor vielleicht für möglich gehaltener — anderer Nebenfrauen
Abrahams aus, eine Zusammenfassung, die ihm an der Stelle, die jetzt
25 1—6 einnimmt, nämlich unmittelbar vor der Mitteilung von Abrahams
Tod, besonders angezeigt erscheinen mochte. Als die Erzählung von
einem Kebsweib, die Abraham zu seiner Hauptfrau, Sara, hinzuge-
nommen hat, von deren Söhnen und davon, daß Abraham den Sohn
der Hauptfrau, Isaak, zum eigentlichen Erben eingesetzt und, um diesem
sein Erbe zu sichern, die Söhne des Kebsweibes nach Ausstattung mit

Anteilen aus dem Isaak als Erbteil bestimmten Lande Kanaans hinweg
nach Osten geschickt habe, bildet *25* 1–6 eine Parallele zu der Hagar-
Erzählung des J^2 *16* und zu der des E *21* 8–21, die ja wie *25* 1–6 einerseits die Verwandtschaft bestimmter Beduinenstämme mit Israel be-
kunden, anderseits aber den im Besitze Kanaans bestehenden Vorrang
Israels vor ihnen hervorheben wollen, und zwar, wie nach den vorhin
gemachten Darlegungen nicht weiter begründet zu werden braucht, eine
ältere Parallele, die man am ehesten J^1 zutrauen möchte. Wie wenig
— um auch auf diese Einzelheit noch einzugehen — die von SIMPSON
vorgenommene Versetzung des allein dem J^2 zugeschriebenen 5 nach
24 1 berechtigt ist, lehrt ein, auch sonst aufschlußreicher Vergleich
unserer Erzählung mit 2. Chron *21* 1–3, wo vom judäischen König
Josaphat gesagt wird, daß er seinem Sohne Joram als dem erstgeborenen
das Königtum, seinen anderen — namentlich aufgezählten — Söhnen
aber große Anteile (*mattānôt* wie Gen *25* 6) an Silber, Gold usw. gegeben habe. Denn dieser Vergleich zeigt, daß die Überlassung aller
Habe Abrahams an Isaak, von der 5 erzählt, und die in 6 mitgeteilte
Verleihung von Anteilen an die Söhne der Ketura sich gegenseitig
ergänzen, also zusammengehören und nicht auseinandergerissen werden
dürfen.

In *25* 21–26, der Erzählung von Esaus und Jakobs Geburt, leitet
SIMPSON 21. 24–26 von J^1 her, 22–23 dagegen von J^2. Das Haupt-
argument für die Verteilung der beiden Versgruppen auf zwei Hände
und die Zuweisung der zweiten an J^2 ist dabei (S. 93) das »Siehe,
Zwillinge!« von 24, das beweise, daß in der ursprünglichen Erzählung
vorher von Zwillingen nicht die Rede gewesen sei, 22–23, wo das der Fall
ist, also von anderer Hand herrühren müßten. Nun drückt aber das
»Siehe!« gar nicht selten — etwa Gen *24* 15; Ex *4* 14; Jdc *9* 37; 1. Sam
12 2 — die Erfüllung einer vorher ausgesprochenen oder doch voraus-
gesetzten Erwartung aus, so daß es geradezu mit »Siehe, da war wirklich«
oder ähnlich wiederzugeben ist. Genau so ist in unserem Falle das »Siehe«
gebraucht; es stellt fest, daß das in den Versen 22–23 erteilte Orakel
von der Geburt eines Zwillingspaares wirklich in Erfüllung gegangen
ist. Auch das andere von SIMPSON für die Herleitung der Verse 22–23
von J^2 angeführte Argument, daß sie nämlich der im übrigen ganz pro-
fanen Erzählung eine religiöse Färbung zu verleihen bestimmt seien,
indem sie die Überflügelung Edoms durch Israel auf einen vor der
Geburt ihrer Stammväter ergangenen göttlichen Beschluß und nicht
etwa auf Jakobs eigene Klugheit zurückzuführen und damit den religiösen
Gegenpol gegen die rein säkulare Geschichte von 25 29–34, nach der
der schlaue Jakob seinem tölpelhaften Bruder das Erstgeburtsrecht ab-
gekauft hat, bilden wollten, verliert bei näherer Prüfung des Tatbestandes seine Bedeutung. In Wahrheit lassen sich nämlich die Verse

25 22—23 doch nicht ohne weiteres Stellen, wie *12* 2—3 (S. 500) oder
19 16 (S. 506), zuordnen, die SIMPSON — einerlei, ob mit Recht oder
nicht — J² zuschreibt und als von diesem seiner J¹-Vorlage aufgesetzte
religiöse Lichter verstehen möchte. Denn hier handelt es sich nicht
einfach um religiöse Verbrämung der angeblich älteren Erzählung,
sondern hier wird eine ganz konkrete kultische Institution, ein Orakel,
erwähnt, das gerade für die ältere Zeit charakteristisch ist, später aber
an Bedeutung verloren und gar als Jahwes Willen widersprechend gegolten hat. Die Verse *25* 22—23 sind also durchaus der alten Erzählung,
J¹, zuzutrauen.

Für die Art der von SIMPSON zur Gewinnung seines J¹-Fadens
angewendeten Methode ist seine Analyse der Erzählung von der Geburt
der Kinder Jakobs *29* 31—*30* 24 besonders instruktiv. Während man
es bisher bei aller Verschiedenheit der Aufteilung des Stoffes auf die
drei — J, E, P — oder vier — J¹, J², E, P — hier angenommenen Parallelfäden im einzelnen für selbstverständlich hielt, daß alle Fäden
von der Geburt der uns vertrauten zwölf Jakob-Söhne berichtet hätten,
vertritt SIMPSON die Auffassung, daß J¹ nur von fünf Jakob-Söhnen,
nämlich von Ruben, Simeon, Levi, Juda und Joseph zu sagen wisse
und daß erst J² die an dem Dutzend fehlenden hinzugefügt habe
(S. 101. 516), ein Ergebnis, das, wie er selbst S. 327. 449 freimütig zu-
gesteht, freilich weniger aus der Analyse von *29* 31—*30* 24 selbst als vielmehr aus Beobachtungen, die an anderen für J¹ in Anspruch genommenen
Stücken gemacht sind, gewonnen ist. Einerseits kommen nämlich in den
von J¹ hergeleiteten Exodus- und Landnahme-Erzählungen nur die
fünf Stämme: Ruben, Simeon, Levi, Juda und Joseph vor; anderseits
weist der J¹-Bestand von Gen *31—50* ausschließlich Erzählungen von
den Eponymen dieser fünf Stämme, von Ruben (*35* 21—22), Simeon
und Levi (*34*), Juda (*38*) und Joseph (J¹-Gut von *37*; *39*; *40*; *43*; *45*;
46; *47*; *50*) auf. Diese Feststellung, die ja zu der oben S. 12 f. erwähnten
Tatsache stimmt, daß SIMPSONs ganze Arbeit von einer Untersuchung
der Exodus- und Landnahme-Tradition ihren Ausgangspunkt genommen
hat, bedeutet nicht im mindesten einen Vorwurf. Vielmehr kann bei
der verwirrenden Fülle der bei dem Bemühen um die Aufhellung der
Komposition des Hexateuch zu berücksichtigenden Einzelerscheinungen
die Untersuchung gar nicht anders als in der Weise vorgenommen
werden, daß sie sich von einem bei vorläufiger Überschau über das
Material gewonnenen Gesamteindruck leiten läßt, also im einzelnen nach-
prüft, ob sich da das vorläufig und mehr intuitiv gefundene Erklärungs-
prinzip bewährt oder nicht. Keine Lösung des Hexateuch-Problems,
weder die Zwei-, Drei- oder Vier-Quellen-Theorie noch die Ergänzungs-
Hypothese noch die Fragmenten-Theorie noch eine, wie immer geartete Kombination dieser Hypothesen, ist von dieser Hypothek frei,

und es fragt sich nur, welche damit am wenigsten belastet ist, will
sagen: welcher es gelingt, ihr Haupterklärungsprinzip so auf das Material
anzuwenden, daß seine Richtigkeit mit überzeugender Kraft einleuchtet.
Darum also geht es, ob das bei SIMPSONs Analyse zutrifft oder nicht.
In unserem Falle wird, wie eine einzige Beobachtung zeigt, sich das
schwerlich sagen lassen. Während SIMPSON die *29* 32—35 für die Namen
Ruben, Simeon, Levi und Juda gegebenen Erklärungen J[1] zuschreibt,
spricht er die *30* 24 für Joseph gegebene J[1] ab und schreibt sie J[2] zu,
weil sie (S. 102) mit ihrem Wunsche: »Jahwe gebe mir noch einen anderen
Sohn!« deutlich auf die spätere Geburt Benjamins hinweist, J[1] aber
ja nur die fünf Jakob-Söhne Ruben, Simeon, Levi, Juda und Joseph
kennen soll. Aber die Erklärung des Namens Joseph ist mit der sie
umgebenden Erzählung ebenso eng verbunden, wie das bei den Erklärungen der vier anderen Namen der Fall ist, und angesichts dieser
Tatsache wird man sagen müssen, daß, wenn *29* 32—35; *30* 24 wirklich
zu J[1] gehören, angenommen werden muß, daß J[1] auch von Benjamin
erzählt hat. Jedenfalls findet SIMPSONs Annahme, J[1] wisse nur von
Ruben, Simeon, Levi, Juda und Joseph als Jakobs-Söhnen, in *29* 31
bis *30* 24 keine hinreichende Stütze.

Eingehender Nachprüfung bedarf um der Wichtigkeit der Sache
willen sodann SIMPSONs These, daß sich das J-Gut der Joseph-
Geschichte von *37*; *39—48*; *50* als Komposition aus einem ganz knappen
älteren Erzählungsfaden, J[1], und einer ausgedehnten Erweiterung, die
er von späterer Hand, J[2], erfahren habe, erweise, und diese Nachprüfung wird sich nur an Hand des abschnittsweise mitzuteilenden
Wortlauts der J[1]-Erzählung vornehmen lassen. Der Anfang dieser Erzählung sieht nach SIMPSON so aus: »*37* 3 Und Israel liebte Joseph
mehr als alle seine Söhne, denn er war ihm ein Sohn des Alters. 4 Und
seine Brüder sahen das und haßten ihn [...]. 26 Und Juda sagte zu
seinen Brüdern: Was haben wir davon, wenn wir unseren Bruder töten
und sein Blut zudecken? Auf! wir wollen ihn an die Ismaeliter verkaufen,
aber wir wollen nicht Hand an ihn legen, denn er ist unser Bruder.
Und seine Brüder hörten darauf, 29 und sie verkauften Joseph an die
Ismaeliter für zwanzig Silbersekel. *39* 1 Und Joseph wurde hinabgebracht
nach Ägypten, und ein Ägypter kaufte ihn aus der Hand der Ismaeliter.
4 Und Joseph fand Gnade in seinen Augen, und er setzte ihn über
sein Haus«. Bis auf eine kurze Angabe über den Entschluß der Brüder,
Joseph zu töten, die zwischen *37* 4 und 26 ausgefallen sein müsse, hält
SIMPSON die Erzählung für vollständig. Fragt man nach den Gründen,
die ihn zur Herauslösung dieses Gerippes aus dem umfangreichen J-
Korpus von *37*; *39* 1—4 veranlaßt haben, so wird zunächst geltend
gemacht, daß sich die Bezeichnung Josephs als Jakobs Alterssohn in
37 3 mit dem, sicher J angehörigen, Vers *44* 20 stoße, in dem Benjamin

als Jakobs Alterssohn namhaft gemacht wird. Da J¹, wie vorhin erwähnt,
nur fünf Jakobs-Söhne gekannt, also von Benjamin nichts gewußt
haben soll, und daher *44* 20 von J² herzuleiten sei, müsse Vers *37* 3, für
den Herleitung von E nicht in Betracht käme, J¹ zugewiesen werden.
Nun läßt sich nicht leugnen, daß die Bezeichnung zweier an Jahren
ungleichen Kinder als Alterssöhne auffällig ist, und so haben denn schon
vor SIMPSON andere diesen Anstoß zu beheben oder zu erklären versucht. SMEND (S. 100) streicht in *37* 3 »denn er war ihm ein Sohn des
Alters« als sekundären Zusatz; während DILLMANN in seinem Genesis-
Kommentar von 1892 die Bezeichnung beider, Josephs und Benjamins,
als »Söhne des Alters Jakobs« bei demselben Erzähler, J, verständlich
findet und dabei die Übergehung Benjamins in *37* 5 daraus erklärt,
daß er, weil noch zu jung, hier nicht in Betracht gekommen wäre, und
GUNKEL in seinem Genesis-Kommentar von 1910 seine etwa in derselben Richtung gehende Auffassung des Tatbestandes mit dieser Feststellung unterstreicht: »In der Zeitrechnung darf man... von den Sagen
keine strenge Genauigkeit verlangen«. Es ist also schon denkbar, daß
derselbe Erzähler in *37* 3 den Joseph und in *44* 20 den Benjamin als
Alterssohn Jakobs bezeichnet hat, und jedenfalls bietet die hier etwa
festzustellende Unausgeglichenheit keinen hinreichenden Grund für die
Verteilung der beiden Verse auf zwei verschiedene Hände.

Ein zweiter Grund für SIMPSONs Annahme, dem J-Bestand von
37 liege ein ganz knapper J¹-Erzählungsfaden zugrunde, der dann von
J² erheblich erweitert worden ist, ist die Tatsache, daß die am Anfang
der zweiten Hälfte von 3 »und er machte ihm einen Ärmelrock« stehende
Verbalform וְעָשָׂה auffällig ist. SIMPSON folgert daraus, daß sich ursprünglich 4 unmittelbar an 3 a angeschlossen habe, daß also das Motiv von
Josephs Ärmelrock, das am Schluß des J-Bestandes von *37* breiter
ausgesponnen wird, der Grunderzählung abzusprechen und einer späteren Erweiterung, der des J², zuzuschreiben sei. In Wahrheit läßt die
freilich auffällige Form וְעָשָׂה auch andere Erklärungen zu. Der entscheidende Grund für die von SIMPSON vollzogene Herausschälung
einer vom Ärmelrock-Motiv freien J¹-Grunderzählung ist aber gar nicht
sein Anstoß an 3, sondern die von ihm S. 523 unter Hinweis auf 2. Sam
13 18 ausgesprochene Vermutung, das Motiv von Josephs Ärmelrock,
das vielleicht aus der Sichemitischen Joseph-Tradition stamme, solle
im jetzigen Zusammenhang den Anspruch der Joseph-Stämme auf die
ihnen unabhängig von Juda zukommende Königswürde veranschau-
lichen. So verstanden, kann das Motiv dem J¹, der die Tradition der
Südstämme wiedergibt und Joseph nur nebenbei berücksichtigt, aller-
dings unmöglich zugetraut werden, und dann bleibt, da an spätere
Hinzufügung zu denken kein Grund vorliegt, nur seine Herleitung von
J² übrig, der überall die Tradition der Nordstämme zur Geltung bringt,

eine Argumentation, die gewiß nicht nur eigenartig, sondern auch er-
wägenswert ist, aber doch offensichtlich daran leidet, daß sie hinter
einem märchenhaften oder novellistischen Erzählungszug eine, durch
bestimmte geschichtliche Verhältnisse bedingte, Tendenz glaubt suchen
zu müssen. In Wahrheit besteht kein Grund, der ursprünglichen Erzählung das Motiv von Josephs Ärmelrock abzusprechen, und bei dem
von Josephs Träumen, das SIMPSON ebenfalls dem J^1 abspricht und
J^2 oder E zuschiebt, ist das ebensowenig nötig.

Einen auf Beteiligung zweier Hände hindeutenden Widerspruch
im J-Bestand von *37* findet SIMPSON weiter darin, daß 21 Judas Bemühung um die Rettung Josephs von seinen Brüdern als mit Erfolg
abgeschlossen erscheine, während 26 es als noch unentschieden hin-
stelle, was aus Joseph werden solle. Aber das von Juda — wie statt
»Ruben« zu lesen ist — in 21 ausgesagte: »er rettete ihn aus ihrer Hand«
braucht nicht als eine abgeschlossene Handlung verstanden zu werden,
und die Fortsetzung: »und sprach: Wir wollen ihm nicht das Leben
nehmen« zeigt, daß es nicht so verstanden werden darf, sondern den
Auftakt zu einem Vorschlag bedeutet, der den Brüdern, ohne daß sie
an Josephs Tod unmittelbar schuldig würden, ihn aus den Augen schafft.
Vers 22, die E-Parallele, erzählt ja ähnlich, nur daß hier, in umgekehrter
Folge als bei J, zuerst der Vorschlag des für Joseph eintretenden
Bruders — bei E Ruben, nicht Juda — mitgeteilt und dann gesagt wird,
daß dieser damit Josephs Rettung habe herbeiführen wollen. Die J-
Erzählung unterscheidet sich von der des E im übrigen dadurch, daß
hier Ruben gleich einen positiven Vorschlag macht, nämlich Joseph in
eine entlegene Zisterne zu werfen, während dort Juda zunächst nur
den negativen Rat gibt, von der Ermordung Josephs abzusehen. Das
zufällige Vorbeiziehen einer Karawane von Ismaeliten gibt dann Juda
erwünschte Gelegenheit, seinen Rat nun durch einen positiven Vorschlag
zu ergänzen, nämlich den, die Brüder möchten Joseph an diese Karawane verkaufen. So besteht in Wahrheit kein Gegensatz zwischen 21
und 26, und damit fällt auch dies von SIMPSON für die Notwendigkeit,
den J-Bestand von *37* auf J^1 und J^2 aufzuteilen, angeführte Argument
dahin. Sie läßt sich auch nicht mit dem Hinweis darauf (S. 128. 663)
stützen, daß J^2, der doch in *16*; *25* 18 Ismael, den Stammvater der
Ismaeliten, als Bruder Isaaks eingeführt hat, unmöglich von sich aus
Ismaeliter als Käufer eines Nachkommen Isaaks habe nennen können,
daß er hier vielmehr von einer für ihn maßgebenden Vorlage abhängig
sein müsse, nämlich von J^1, der vorher nichts von Israels Verwandtschaft mit Ismael erzählt hat. Denn diese Argumentation unterschätzt
doch die Selbständigkeit der Einzelerzählungen und traut den Verfassern
der hexateuchischen Erzählungswerke allzuviel Konsequenz und all-
zugroßes Zartgefühl zu, ganz abgesehen davon, daß in unserem Falle

sich nicht eigentlich die ismaelitische Karawane, sondern die Brüder
Josephs an diesem schuldig machen.

Aus der Erzählung von Josephs Keuschheit *39* weist SIMPSON dem
J¹ diese Stücke zu: »⁷Hiernach begab es sich, daß das Weib seines
Herrn ihre Augen auf Joseph warf. ¹¹ Eines Tages nun kam er ins Haus,
um seine Arbeit zu verrichten, ¹² und sie faßte ihn beim Kleide und
sprach: Liege bei mir! Er aber ließ sein Kleid in ihrer Hand, floh und
lief hinaus. ¹⁶ Und sie ließ sein Kleid neben sich liegen, bis sein Herr
nach Haus kam. ¹⁷ Dann sprach sie zu ihm und sagte: Der hebräische
Sklave, den du zu uns gebracht hast, ist zu mir hereingekommen, um
mit mir seinen Mutwillen zu treiben. ¹⁸ Als ich aber ein lautes Geschrei
erhob, hat er sein Kleid neben mir liegen lassen und ist hinausgelaufen.
²⁰ Und der Herr Josephs nahm ihn und warf ihn ins Gefängnis, und er
war dort im Gefängnis.« Man sieht: Wieder ist aus dem ausführlicheren
Bestand der uns überlieferten J-Erzählung so viel oder so wenig heraus-
genommen, wie zu einem eben noch verständlichen Bericht unbedingt
nötig ist. Das übrige ist, soweit es sich nicht um sekundäre Einzel-
zusätze handelt, Hinzufügung des J², die den Zweck hat, die J¹-Vorlage
literarisch auszugestalten oder religiös-sittlich zu vertiefen. Im einzelnen
führt SIMPSON für seine Analyse von *39* die folgenden Gründe an:
1. Das »Eines Tages nun« von ¹¹ sei die unmittelbare Fortsetzung von
⁷ und schließe die jetzt dazwischen stehende Erzählung von den wieder-
holten Versuchen des Weibes, Joseph zu verführen, aus. Aber das Gegenteil ist richtig. Vers ¹¹ bedeutet den nicht mehr zu zügelnden Ausbruch
der Leidenschaft, die sich schon vorher wiederholt bemerkbar gemacht
hatte, ohne daß ihr Erfolg beschieden gewesen wäre. 2. Vers ¹⁷ wird
das Verbum צָחַק im Sinne von »kosen« gebraucht, wie es *26* ₈ J¹ von
der Zärtlichkeit Isaaks seinem Weibe Rebekka gegenüber gebraucht
ist. Vers ¹⁴, wo es ein pluralisches Objekt, »uns«, bei sich hat, bedeutet
es aber »seinen Mutwillen treiben mit«, »verächtlich behandeln«. Darum
seien ¹⁷ und ¹⁴ auf verschiedene Hände zu verteilen und dieser J²,
jener aber J¹ zuzuweisen. In Wahrheit ist die Grundbedeutung von
צָחַק an beiden Stellen dieselbe: »mit jemandem ein übles Spiel treiben«.
In ¹⁴ faßt das Weib zunächst in dem »uns« sich selbst und das Hausgesinde zu einer Einheit zusammen, um dessen Empörung über den unverschämten Ausländer zu entfachen; erst dann geht sie auf die ihr
von ihm gemachte Zumutung ein. In ¹⁷, wo sie allein ihrem Mann gegen-
übersteht, aber spricht sie nur von dem, was ihr der von ihrem Mann
herbeigebrachte hebräische Sklave hat antun wollen, wohl wissend,
daß sie ihren Mann so am sichersten zu Wut und Empörung bringt.
Es hieße den sinnvollen Aufbau der Erzählung stören, wenn man ¹⁴
und ¹⁷ auseinanderreißen wollte. 3. Da nichts darüber verlaute, welche
Wirkung die nach ¹⁴—¹⁵ von dem Weibe dem Hausgesinde gemachte

Mitteilung auf dieses gemacht habe, müßten diese Verse dem ursprünglichen Erzähler, J[1], abgesprochen und J[2] zugeschrieben werden. Aber die hebräischen Erzähler lassen Hörer und Leser sehr häufig eine selbstverständliche Folgerung ziehen, und der Reiz mancher alttestamentlichen Erzählung besteht gerade darin, daß sie nicht alles sagen. 4. Zu SIMPSONs Behauptung, das »Sein (Kleid)« in 16 weise auf 12 zurück und werde in der uns vorliegenden Erzählung durch 13–15 auffällig davon getrennt, ist zu sagen, daß die Erzählung der Verse 12–16 weder stilistisch noch sachlich auch nur den geringsten Anstoß bietet. »Sein Kleid« kommt doch nicht allein in 12, wo es freilich das erste Mal erwähnt ist, sondern auch in 13. 15 vor, so daß der von SIMPSON genommene formale Anstoß grundlos zu sein scheint. Was aber die Sache angeht, so dreht sich in 13–15 alles um das Kleid Josephs: Dies corpus delicti gibt dem Weibe erst den Mut zu der unverschämten Lüge, die sie dem Hausgesinde sagt, und auch bei der Mitteilung an den Gatten spielt es eine Rolle. 5. Schließlich wird gegen die Einheitlichkeit des J-Bestandes von 19–20 geltend gemacht, daß es 19 »sein Herr«, 20 aber »der Herr Josephs« heiße. Wenn die beiden Verse wirklich von demselben Erzähler herrührten, so hätte dieser bei der ersten Erwähnung des Herrn, also in 19, das Explizitum »Josephs« gebraucht und sich in 20 mit dem Suffix »sein« darauf bezogen. Also rühre 19 von anderer Hand her als 20, nämlich von J[2], der den in der J[1]-Vorlage etwas unvermittelten Übergang von der Beschwerde des Weibes (17–18) zu der Handlungsweise ihres Mannes (20) durch die Erwähnung des durch die Beschwerde bei dem Manne entfachten Zornes (19) geglättet und hier wie so oft sein literarisch-ästhetisches Interesse betätigt habe. Aber der Gebrauch des Explizitum »Josephs« in 20 kann damit zusammenhängen, daß hier auf das Subjekt die Akkusativ-Partikel mit dem Suffix der 3. Person sing. masc. folgt und das Nacheinander von אֲדֹנָיו אוֹתוֹ vermieden, oder mag darin seinen Grund haben, daß 20 die Verführungs-Erzählung abschließt und daß diesem Abschluß durch Gebrauch des Explizitum »Josephs« eine gewisse Wucht gegeben werden sollte. Schließlich wäre auch zu erwägen, ob nicht der »Herr Josephs« in 20 als sekundäre Hinzufügung zu betrachten und anzunehmen ist, daß hier ursprünglich nur das Verbum »und er nahm ihn« gestanden hat. Derartige Hinzufügungen kommen ja sehr häufig vor.

Auch aus der Erzählung von den durch Joseph gedeuteten Träumen zweier hoher ägyptischer Hofbeamten in *40* glaubt SIMPSON einen ganz dünnen J[1]-Faden aussondern zu können, der freilich an zwei Stellen eine kleine Lücke aufweist, nämlich hinter 6, wo die Deutung der Träume, und hinter 14, wo die Freilassung der Hofbeamten und Josephs Erhöhung berichtet gewesen sein muß. So lautet hier die J[1]-Erzählung: »[1]Der Mundschenk des Königs von Ägypten und sein

Bäcker vergingen sich an ihrem Herrn, dem König von Ägypten. [3] Und
er warf sie an die Stätte, wo Joseph gefangen lag. [5] Und sie beide träum-
ten einen Traum, der Mundschenk und der Bäcker des Königs von
Ägypten, die im Gefängnis gefangen lagen. [6] Als nun Joseph am Morgen
zu ihnen kam, sah er, daß sie mißmutig waren [. . .]. [14] und befreit
mich aus diesem Gefängnis [. . .].« Von Träumen Pharaos, zu deren
Deutung Joseph aus dem Gefängnis geholt worden wäre, hat J[1] nach
Simpson nichts erzählt. Vielmehr sei anzunehmen, daß er Josephs
Befreiung durch unmittelbare Fürsprache der beiden Hofbeamten beim
König von Ägypten hat bewerkstelligen lassen. Diese knappe J[1]-Er-
zählung habe J[2] durch Hinzufügung von »und bring mich in Erinnerung
bei Pharao« in 14, von »und auch hier habe ich nichts getan, daß sie
mich ins Loch geworfen haben« in 15, von »welcher war Pharaos Ge-
burtstag, daß er allen seinen Dienern ein Fest veranstaltete« in 20, und
— vielleicht! — von »und sie vergaßen ihn« in 23 literarisch verschönert
(S. 534) und durch Einbau der von Joseph gedeuteten Träume Pharaos und
der dadurch bedingten Erhöhung Josephs dahin ausgestaltet, daß Josephs
Bedeutung ungemein gesteigert wird. Als einziges Argument für die
Aussonderung des J[1]-Fadens aus *40—41* wird unter Berufung auf
Eduard Meyer, der in seinem Buche »Die Israliten und ihre Nachbarstämme«, 1906, S. 25 »König von Ägypten« als Kennzeichen von
J[1], »Pharao« — soweit überhaupt J-Bestand in Betracht kommt —
als Charakterisitikum von J[2] in Anspruch genommen hatte, geltend
gemacht, daß in *40* 1. 5 »König von Ägypten« vorkomme, während in
14. 20 vom »Pharao« die Rede sei. Nun ist es in der Tat sehr merkwürdig,
daß hier wie in den Exodus-Erzählungen (Ex *1* 8. 15. 17. 18; *2* 23; *3* 18. 19.;
5 4; *14* 5) der J-Bestand neben überwiegendem »Pharao« einige Male
»König von Ägypten« aufweist, aber zur sicheren Scheidung zwischen
einer älteren und einer jüngeren Schicht der J-Erzählungen reicht dieses
Kriterium nicht aus, da einer nach ihm vorgenommenen Analyse andere
gewichtigere Kriterien im Wege stehen. Zum Beleg dessen muß hier
der Hinweis darauf genügen, daß Simpson sich genötigt sieht, in
der Erzählung von der Heuschrecken-Plage, der einzigen Plage,
die nach ihm J[1] erwähnt hat (Ex *9* 13; *10* 4. 5. 13. 15. 16. 17—19.), anzunehmen, *9* 13 und *10* 16, wo jetzt »Pharao« im Text steht, sei ursprünglich
von dem »König in Ägypten« die Rede gewesen und erst J[2], der im
übrigen diese beiden Verse wörtlich aus seiner J[1]-Vorlage übernommen,
habe »König von Ägypten« in »Pharao« geändert.

    Nach der — zu ergänzenden — Erhöhung Josephs hat Simpsons
J[1] erzählt, wie eine in Kanaan ausgebrochene Hungersnot Josephs
Brüder veranlaßt, zum Einkauf von Getreide nach Ägypten zu ziehen,
wie Joseph sie auffordert, ihren Vater herzuholen, wie Israel mit seiner
Familie nach Ägypten übersiedelt, wie er hier stirbt, aber seinem

Wunsche entsprechend in Kanaan beigesetzt wird, und wie dann auch
Joseph die Augen schließt. Dies der Wortlaut der J¹-Erzählung: »[Hun-
gersnot in Kanaan.] *43* ¹¹ Und ihr Vater Israel sprach zu ihnen: Wenn's
denn sein muß, macht's so: Tut von den besten Erzeugnissen des Landes
in eure Gefäße, ein wenig Balsam und ein wenig Honig, ¹³ und macht
euch auf und zieht hinab! ¹⁵ Und die Männer nahmen von den besten
Früchten des Landes und brachen auf und zogen nach Ägypten hinab
und traten vor Joseph. ¹⁶ Als aber Joseph sie sah, sprach er zu seinem
Hausvorsteher: Führe die Leute ins Haus und schlachte und rüste
zu; denn die Leute sollen mit mir zu Mittag essen. ¹⁷ Und der Mann tat,
wie Joseph gesagt hatte, und der Mann führte die Leute in Josephs
Haus ²⁴ und gab ihnen Wasser, daß sie sich die Füße wuschen, und gab
ihren Eseln Futter. ²⁶ Und als Joseph ins Haus kam, warfen sie sich
vor ihm zur Erde nieder [. . .]. *45* ¹ Und Joseph konnte sich nicht mehr
zusammennehmen, ⁴ und er sagte: Ich bin euer Bruder Joseph, den ihr
nach Ägypten verkauft habt. ¹⁹ Zieht eilends zu meinem Vater hinauf
und sprecht zu ihm: So spricht dein Sohn Joseph: Gott hat mich zum
Herrn über ganz Ägypten gemacht; ziehe herab zu mir, zögere nicht!
[. . .] ²⁴ Und er sagte zu ihnen: Macht euch unterwegs keine Vorwürfe!
²⁵ Und sie zogen aus Ägypten fort [. . .] ²⁸ Und Israel sprach: Genug!
Mein Sohn Joseph ist noch am Leben; ich will hinziehen, ihn zu sehen,
bevor ich sterbe. *46* ¹ Und Israel brach auf mit aller seiner Habe [. . .]
47 ²⁹ Und es kamen die Tage herbei, daß Israel sterben sollte. Da rief
er seinen Sohn Joseph und sprach zu ihm: Wenn ich Gnade vor dir
gefunden habe, so lege deine Hand unter meine Lende, daß du mir
Huld und Treue erzeigen willst: Begrabe mich nicht in Ägypten.
³⁰ Wenn ich zu meinen Vätern entschlafen bin, so sollst Du mich aus
Ägypten fortbringen und mich begraben in [. . .]. Er antwortete: Ich
will tun, wie du gesagt hast. ³¹ Und er sprach: Schwöre mir! Und er
schwur ihm. Israel aber verneigte sich auf das Kopfende des Bettes
hin [Israels Tod]. *50* ⁷ Und Joseph zog hinauf, um seinen Vater zu
begraben[, er und seine Brüder]. ¹⁰ Und sie kamen zu der Tenne von
Atad jenseits des Jordan und hielten dort eine gar große und mächtige
Klage [. . .]. ¹⁴ Und Joseph kehrte nach Ägypten zurück, er und seine
Brüder [. . .]. ²⁴ Und Joseph sprach zu seinen Brüdern: Ich sterbe jetzt,
aber Gott wird euch sicherlich heimsuchen und euch aus diesem Lande
heraufführen. ²⁶ Und Joseph starb.« Wie aus *37; 39—42*, so wird also
auch aus *43—50* der J¹-Bestand dadurch gewonnen, daß alle Erzählungszüge, die irgendwie entbehrlich sind, ausgeschieden und nur
die Angaben beibehalten werden, die zur Ermöglichung einer äußerst
knappen, aber doch gerade noch einen Zusammenhang bietenden Darstellung unbedingt nötig sind. Mit einigen, durch die mannigfachen
Bearbeitungen, die J¹ erfahren hat — Erweiterungen durch J² und

andere J-Hände, Vereinigung mit dem Elohisten (E), dem Deuteronomium (D) und dem Priesterkodex (P) durch die betreffenden Redaktoren (R^{je}, R^{d} und R^{p}) und dergleichen — bedingten kleinen Lücken
muß dabei gerechnet werden, so hinter *43* 26; *45* 9. 25; *46* 1; *47* 30. 31;
50 7. 10. 14. Indes handelt es sich da immer um Ausfälle von nur geringem
Umfang, die sich leicht ergänzen lassen. Bedenklicher ist schon, daß
SIMPSON, dessen J^{1} ja nur von fünf Jakobs-Söhnen, von Ruben,
Simeon, Levi, Juda und Joseph, aber nicht von Benjamin gewußt hat,
sich genötigt sieht, in *43* 16, den er zu J^{1} stellen möchte, das überlieferte
»Und Joseph sah bei ihnen den Benjamin« unter Streichung von
»Benjamin« und Änderung von »mit ihnen« (אִתָּם) in »sie« (אֹתָם)
zu ersetzen durch »Und Joseph sah sie«. Gewiß vollzieht SIMPSON diese
Änderung nicht leichthin, wie auch sonst seine Analyse überall ge-
wissenhafte Prüfung des Tatbestandes voraussetzt. Er begründet die
Änderung vielmehr mit dem Hinweis darauf, daß der Anfang von *43* 16
»Und Joseph sah bei ihnen den Benjamin« sich mit *43* 29 »Und er erhob
seine Augen und sah Benjamin, seinen Bruder, den Sohn seiner Mutter«
stoße, und kann sich dabei auf GUNKEL berufen, der zu *43* 16 in seinem
Genesis-Kommentar von 1910 bemerkt: »Daß Joseph jetzt schon Benjamin sieht, würde der rührenden Szene 29f. die Pointe vorwegnehmen;
אֶת־בִּנְיָמִין ist Zusatz eines Mannes, der so Josephs Freundlichkeit
gegen seine Brüder begründen wollte, die in Wirklichkeit den Zweck
hat, sie zu verwirren. Man lese אֹתָם.« Aber hier irrt GUNKEL. Das
»Und Joseph sah bei ihnen den Benjamin« will von *43* 3. 4. 5. 8 aus
verstanden sein, wo unter Verwendung eben des — in *43* 29 nicht gebrauchten — »bei« (אֵת) von *43* 16 festgestellt wird, daß Joseph von den
Brüdern kategorisch gefordert habe, es müsse, wenn sie wieder zum
Einkauf von Getreide zu ihm kämen, ihr Bruder Benjamin bei ihnen
sein. *43* 16 besagt nur dies, daß Joseph mit Genugtuung diese seine
Forderung erfüllt sieht. Im übrigen beachtet er Benjamin jetzt noch
nicht weiter. Das geschieht erst *43* 29, wo — unter Fassung des וַיַּרְא
nicht einfach als »und er sah«, sondern als »und er sah an« — die betreffenden Worte zu übersetzen sind: »Und er erhob seine Augen und
sah Benjamin, seinen Bruder, den Sohn seiner Mutter, an und sagte:
Ist das euer jüngster Bruder, von dem ihr zu mir gesprochen habt?«.
Jeder Zweifel an der Notwendigkeit dieses Verständnisses von *43* 16
einer- und *43* 29 anderseits wird durch die Tatsache behoben, daß
dort nur der Name »Benjamin« genannt, hier aber erst ihm wuchtig
hinzugefügt wird: »sein Bruder, Sohn seiner Mutter«. So wird man gut
tun, im Falle von *43* 16 nicht GUNKELs Erklärung zu folgen und sich
auch nicht PROCKSCH anzuschließen, der in seinem Genesis-Kommentar
von 1924 ebenfalls *43* 29 als Wiederholung des Anfangs von *43* 16 auf-

faßt und daher diesen zu E, 43_{29} aber zu J stellt, sondern auf das zu
hören, was DILLMANN in seinem Genesis-Kommentar von 1892 zu
unserer Stelle gesagt hat: »Als Joseph den Benjamin bei ihnen sieht
und erkennt, daß sie früher die Wahrheit gesagt haben und Benjamin
noch lebe, beschließt er freundliche Behandlung und befiehlt dem Haus-
verwalter (39_4), sie ins Haus zu führen und für sie ein Mittagsmahl zu
bereiten«.

Im übrigen wird, aufs Ganze gesehen, die Aussonderung des J^1-
Gutes aus Gen 43—50 mehr thetisch vorgenommen als mit Gründen
belegt, und auch von den Motiven, die J^2 zur Ausfüllung dieses Gerippes bestimmt haben, ist nur kurz die Rede. So wird von $45_{1.4-7.}$
$_{10-13}$; 46_{28-30}; $47_{1-3. 5. 6. 27}$; $50_{2-3. 9. 4-6. 18. 21}$ mehr angedeutet als
ausgeführt, daß J^2 diese Stücke einerseits zur Erhöhung des literarischen Wertes der Erzählung, anderseits zur Steigerung von
Josephs Größe hinzugefügt habe, während die Segnung Ephraims und
Manasses durch Jakob ([Joseph teilt seinem Vater die Anwesenheit
Manasses und Ephraims mit] $48_{2. 9. 10. 13. 14. 17-20}$; 49_{33}; 50_1) sowie
die Erklärung des Namens Abel-Mizraim ($50_{10b. 11}$), die Verpflichtung
der Brüder durch Joseph zur Mitnahme seiner Gebeine nach Kanaan
(50_{25}) und die Einbalsamierung und Einsargung von Josephs Leiche
(50_{26}) von J^2 neu hinzugebrachtes Gut darstellen. Für die Herausschälung von J^1 aus 43—50 ist also wohl mehr das Postulat maßgebend
gewesen, daß überall dem J-Bestand des Hexateuch ein ganz dünner
J^1-Faden zugrunde liegen müsse, als die Beobachtung vieler diese Maßnahme fordernder Einzelheiten, ein Vorgehen, das um so eher verständlich ist, als schon EDUARD MEYER in seinen »Israeliten« von 1906
auf S. 25 sich in ähnlicher Weise über die Komposition von 43—50
geäußert, nämlich erklärt hat, »daß der Jahwist in den späteren Abschnitten der Josephsgeschichte nicht in ursprünglicher Gestalt, sondern
nur in einer erweiternden Überarbeitung vorliegt, d. h. daß diese Kapitel
nicht zu J^1, sondern zu J^2 gehören.« Der Beweis, daß der Befund von
43—50 zur Annahme einer J^1-Grundlage, die von J^2 erheblich erweitert
worden sei, nötige, ist jedenfalls nicht erbracht. Denn daß sich aus 37;
39—48; 50 ein ganz dünner J-Erzählungsfaden herauslösen läßt, bedeutet keineswegs, daß es ihn jemals gegeben hat, da, wie schon gesagt (S. 59), sich jedes Erzählungswerk so zusammenstreichen läßt.
Wohl aber lassen sich gegen die von SIMPSON vorgeschlagene Analyse
mannigfache Gegengründe anführen, wie soeben, etwa im Falle von
43_{16}, gezeigt worden ist, und diese erhalten durch eine Erwägung mehr
allgemeiner Art noch besonderes Gewicht. Der J-Anteil an 37; 39—48;
50 stellt, obwohl er einerseits nicht überall mit voller Sicherheit aus
seiner Vermischung mit E-, P- und anderem Gut herausgelöst werden
kann und anderseits hier und da Lücken aufweist, die durch diese

Vermischung veranlaßt worden sind, einen so sinnvoll verlaufenden und
so geschlossenen Erzählungsgang dar, daß seine Herleitung von einem
Autor geboten erscheint, es aber schwer verständlich zu machen ist,
wie bei der Erweiterung eines ganz dünnen Grundfadens ein den Eindruck voller Einheitlichkeit machendes Ganze herausgekommen sein
sollte.

Die Frage nach dem Recht der Herauslösung eines J^1 aus der
Joseph-Erzählung von 37—50 kann und muß noch von einer anderen Seite
her aufgerollt werden. Es ist längst beobachtet, daß 35 21. 22 a; 34; 38,
die von den einzelnen Jakobsöhnen Ruben, Simeon, Levi und Juda
handeln und dabei deutlich Schicksale der die Namen dieser Jakob-
Söhne tragenden vier Stämme widerspiegeln, sich von den sie umgebenden Erzählungen, die sich die Gesamtheit der Jakob-Söhne als
beieinander, nämlich beim Vater, wohnend denken und sie dabei viel
mehr als Individua denn als Personifikationen von Stämmen darstellen,
scharf unterscheiden, und auch darüber herrscht weitgehend Übereinstimmung, daß die beiden ersten Sprüche des »Segens Jakobs« 49,
der über Ruben (49 3–4) und der über Simeon und Levi (49 5–7),
irgendwie mit den ihnen 35 21. 22 a; 34 vorangegangenen Erzählungen
über diese Stämme oder deren Ahnherren zusammenhängen. So kommt
SMEND in seiner »Erzählung des Hexateuch« von 1912 auf S. 111 angesichts der zwischen 35 22 a; 34 und 49 3–4. 5–7 unverkennbar bestehenden Beziehungen einerseits und der den Erzählungen und den Sprüchen
eigentümlichen Besonderheiten anderseits zu dem Ergebnis, »daß J^1
den Segen Jakobs in sein Werk aufgenommen und in 35 22 a; 34 einen
vorbereitenden Kommentar für die Sprüche über Ruben, Simeon und
Levi gegeben hat«, und stellt unter Einbeziehung von 38 in seinen
J^1-Faden gleichzeitig fest, daß in der Erzählung von Joseph und seinen
Brüdern in 37; 39—48; 50 keine sichere Spur von J^1 zu entdecken sei,
dieser vielmehr erst Ex 1 ff. wieder auftauche. In Weiterführung dieser
Beobachtungen hat EISSFELDT, Hexateuch-Synopse, 1922, S. 28—29
die Erzählungen über Ruben, Simeon, Levi, Juda Gen 35 21. 22 a; 34;
38 und die Sprüche über Ruben, Simeon und Levi Gen 49 3–7 samt
zwei danach zu ergänzenden Sprüchen über Juda und Joseph, von
denen der erste, auf Gen 38 zurückschlagend, ähnlich wie Dtn 33 7
den Wunsch ausspräche, daß Juda zu seinem Volk zurückgebracht
werden möchte, und der zweite den von Ruben, Simeon, Levi und
Juda verwirkten Vorrang auf Joseph übertrüge, geradezu als eine
Parallele zur Joseph-Erzählung von Gen 37; 39—48; 50 ausgegeben,
die wie diese die Tatsache, daß der jüngere Stamm Joseph die älteren
Ruben, Simeon, Levi und Juda an politischer Macht und Bedeutung
überflügelt hat, erklären will, dabei freilich ihre eigenen Wege geht,
aber eben darum sich deutlich als eine besondere Größe aus dem

jetzigen Zusammenhang heraushebt und da, wo sie Beschädigungen erfahren hat, mit einiger Sicherheit ergänzen läßt.

Demgegenüber spricht SIMPSON den »Segen Jakobs« nicht nur seinem J[1], sondern auch seinem J[2] ab und erklärt ihn für eine erst später aus einer Anthologie von der Art des »Buches des Wackeren« (Jos 10 13) stammende Hinzufügung zu J[2] und schreibt anderseits J[1] nicht nur die Erzählungen über Ruben, Simeon, Levi und Juda Gen 35 21. 22a; *34*; *38* zu, sondern, wie eben dargelegt, auch den Grundbestand der Joseph-Geschichte in *37*; *39—48*; *50*. Der Erzählungsgang, der sich dabei für J[1] ergibt, ist nach S. 132 der folgende: »Nach den Erzählungen vom Bunde mit Laban und von Jakobs Ringkampf am Jabbok kam *35* 21. 22a. Darauf folgte eine Angabe über Jakobs Weiterziehen und dann die Dina-Erzählung in ihrer ursprünglichen Gestalt. Nachdem so von den drei ältesten Söhnen Jakobs erzählt worden, schloß sich wahrscheinlich die von Juda und Thamar an. Dann kam der Bericht über den Verkauf Josephs (den sich J[1] als in der zweiten Hälfte der durch die Erzählung von Juda und Thamar in Anspruch genommenen Zeit geschehen vorgestellt haben mag) und seine Einkerkerung als Folge der vom Weibe seines Herrn gegen ihn vorgebrachten Verleumdung«, also — wie auch aus der Synoptischen Übersicht ersichtlich — *31* 44. 46. 51—52. 48; *32* 24—29. 31; *35* 21—22; *34* 2—3. 5. 7. 11—14. 19. 25—26; *38* 1—20. 22—30; *37* 3—4. 26—28; *39* 1. 4. 7. 11—12. 16—18. 20. Durch die Stellung von *38* vor *37* und die Annahme, J[1] möge sich den Verkauf Josephs in der zweiten Hälfte des von der Thamar-Geschichte in Anspruch genommenen Zeitraumes von etwa 25 Jahren spielend gedacht haben, ermöglicht SIMPSON einen chronologisch verständlichen Verlauf der Dinge. Joseph ist danach, als er verkauft wird, ungefähr 17 Jahre alt, also in dem von P *37* 2 ausdrücklich genannten Alter. So könnte man sich, was die zeitliche Folge der von SIMPSON für seinen J[1]-Erzählungsgang angenommenen Ereignisse betrifft, mit seinen hier in Betracht kommenden Ergebnissen allenfalls befreunden. Aber der vorhin schon angedeutete grundlegende Unterschied zwischen *35* 21. 22a; *34*; *38* einerseits und dem J[1]-Auszug aus der Joseph-Geschichte *37*; *39—48*; *50* anderseits läßt sich nicht aus der Welt schaffen: dort die auf sich allein gestellten Jakob-Söhne Ruben, Simeon, Levi, Juda, hier die eng beieinander lebende Schar der Kinder Jakobs. Dort Berichte von Stammesschicksalen, hier eine romanartige Erzählung von Einzelpersonen, die ganz vergessen läßt, daß es sich letztlich auch hier um Repräsentanten von Stämmen handelt. Zu dem Juda der Juda-Thamar-Erzählung von *38* paßt es schlechterdings nicht, daß, wie SIMPSON doch annehmen muß, ein und derselbe Erzähler, J[1], ihn nachher, *37* 26—28, im Kreis seiner Brüder erscheinen und um die Rettung Josephs bemüht sein läßt. Die sich von hier aus gegen SIMPSONs

Annahme, J¹ sei an der Joseph-Erzählung von *37; 39—48; 50* beteiligt, erhebenden Bedenken werden dadurch verstärkt, daß diese seine Annahme mit der Bestreitung eines J¹- oder sonstigen J-Anteils am Segen Jakobs *49* verbunden ist, um so mehr, wenn sich wahrscheinlich machen läßt, daß der Zusammenhang zwischen *35* 21. 22a; *34; 38* einerseits und *49* anderseits noch viel enger ist, als oben dargelegt wurde, nämlich sich zeigen läßt, daß sich auch für Joseph Reste oder doch Spuren einer auf einen Jakob-Spruch vorbereitenden Erzählung einerseits und des Spruches anderseits erhalten haben.

Der im Segen Jakobs, *49* 22—26, enthaltene Spruch über Joseph ist, wie allgemein anerkannt wird, nicht nur vielfach textlich entstellt, sondern macht auch den Eindruck, daß er aus verschiedenen, von Haus aus nicht zueinander passenden Elementen komponiert ist. So, wie er jetzt aussieht, entspricht er nicht der oben postulierten positiven Ergänzung zu den Sprüchen über Ruben, Simeon und Levi sowie dem ebenfalls zu ergänzenden über Juda, die diesen vier Stämmen die Führerstellung absprechen. Aber Reste des zu postulierenden Joseph-Spruches scheint er doch zu enthalten. Joseph wird nämlich in ihm »Der Geweihte seiner Brüder« genannt, und weiter wird von ihm gesagt, daß er Angriffe von Pfeilschützen erfolgreich abgewehrt habe. »Geweihter«, »Fürst seiner Brüder«, eine solche Prädizierung Josephs, das eben ist es, was man als positive Ergänzung der negativen Sprüche über Ruben, Simeon und Levi und des zu postulierenden ähnlichen Spruches über Juda erwarten sollte: das von den älteren Jakob-Söhnen verwirkte Erstgeburtsrecht oder — unter Ersetzung des familienhaften Bildes durch eine der Sache, um die es geht, angepaßte Terminologie — die von den ehemals mächtigeren israelitischen Stämmen verlorene Führerstellung wird Joseph zugesprochen, und die Tatsache, daß er erfolgreich die Angriffe feindlicher Bogenschützen abgewehrt hat, könnte die Begründung für diese Ehrung Josephs gebildet haben. Daß der Joseph-Spruch, der dann unmittelbar auf die über Ruben, Simeon und Levi, Juda gefolgt sein müßte, seine ursprüngliche Stellung und Gestalt verloren hat, erklärt sich ebenso leicht wie dies, daß der zu postulierende negative oder allenfalls neutrale Spruch über Juda durch eine ihm die höchsten Ehrungen in Aussicht stellende Verheißung ersetzt und daß die Reihe der von Haus aus wohl auf die genannten fünf beschränkten Sprüche auf alle Jakob-Söhne ausgedehnt worden ist. Unser Hexateuch hat, einerlei wo die ihm zugrunde liegenden Einzelerzählungen und kleineren Sammlungen auch entstanden sein mögen, seine letzte Gestalt jedenfalls in judäischer Umgebung erhalten. Da ist es selbstverständlich, daß der einem vorm Tode stehenden Patriarchen in den Mund gelegte Segen über seine Söhne, die israelitischen Stämme, den Stamm Juda besonders hervor-

hebt, um so mehr, als es sich dabei keineswegs nur um eine Befriedigung
partikularistischen Ehrgeizes handelt, sondern auch um Unterbauung
der Hoffnung, die für das Judentum die tiefste Quelle seiner zur Überwindung auch der furchtbarsten Schicksalsschläge befähigenden Kraft
gebildet hat, der Hoffnung auf das Kommen des Messias aus dem Stamme
Juda. Die Auffüllung der zu postulierenden ursprünglichen Fünfer-
Reihe aber, die, weil erst die Lea-Söhne, dann die Bilha-Söhne, dann
die Silpa-Söhne und zuletzt die Rahel-Söhne nennend, den für den
Sinn der Fünfer-Reihe unerläßlichen Zusammenhang der Sprüche über
Ruben, Simeon und Levi, Juda einerseits und Joseph anderseits
zerriß, vollzog sich in dem Augenblick wie von selbst, als durch Zu-
sammenarbeitung der hier nur von Ruben, Simeon, Levi, Juda und
Joseph handelnden J^1-Erzählung mit anderen Erzählungen der Sinn
der von jener innegehaltenen Beschränkung auf die fünf Jakob-Söhne
verdunkelt und vergessen wurde, und es sich nun um eine einfache —
mancher anderen an die Seite zu stellenden — Aufzählung der zwölf
Stämme zu handeln schien. Um so merkwürdiger und beachtenswerter
ist es, daß sich in einem zum Anfang der Genealogie Rubens 1. Chron 5 1
»Und die Söhne Rubens, des Erstgeborenen Israels« gemachten Zusatz:
»Denn er war der Erstgeborene, aber weil er das Lager seines Vaters
entweihte, wurde sein Erstgeburtsrecht gegeben den Söhnen Josephs
(ursprünglich wohl — so in 7 Handschriften —: dem Joseph) ben-
Israel, doch ohne Erstgeburtsrecht-Vermerk in den Geschlechtsregistern.
Denn Juda erstarkte unter seinen Brüdern, und einer aus ihm wurde
zum Fürsten, aber das Erstgeburtsrecht fiel Joseph zu« eine — wie immer
zu erklärende — Erinnerung daran erhalten zu haben scheint, daß
der Jakob-Spruch über Ruben, der diesem das Erstgeburtsrecht ent-
zieht, nur den negativen Auftakt zu der Übertragung dieses Rechts
auf Joseph darstellt.

Nun ist es nicht ausgeschlossen, daß sich, wie der ursprüngliche
Jakob-Spruch, so auch die Erzählung, mit der J^1 diesen vorbereitet
hat, noch rekonstruieren läßt. Gen 35 5, in einem Zusammenhang, der
vom Aufbruch Jakobs und seines Hauses von Sichem nach Bethel
handelt, heißt es: »Und sie brachen auf, und ein Gottes-Schrecken
lag auf den Städten rings um sie her, daß sie die Söhne Jakobs nicht
verfolgten.« Über die Quellen-Zugehörigkeit dieses Verses, u. d. h. hier
darüber, wie der in ihm erwähnte Gottes-Schrecken veranlaßt sei,
gehen die Meinungen auseinander. Die einen, wohl die Mehrzahl der
Forscher, sehen den Vers als Fortsetzung der Dina-Erzählung von 34
oder, soweit diese als Komposition aus zwei Parallelfäden aufgefaßt
wird, als Fortsetzung einer ihrer beiden Rezensionen an, während
andere ihn als Weiterführung einer uns nicht erhaltenen, also zu ergänzenden, Erzählung betrachten. Zu den letzteren gehört SIMPSON.

Mannigfache Erwägungen, vor allem auch die Würdigung von *48* 22,
wo E den dicht vor seinem Tode stehenden Jakob zu Joseph sagen
läßt: »Und ich verleihe dir ein Schulterstück ($\check{s}^e$ *kaem*) über deine Brüder
hinaus, das ich den Amoritern mit meinem Schwert und mit meinem
Bogen abgenommen habe«, haben ihn zu der Annahme geführt, daß E von
der gewaltsamen Eroberung Sichems ($\check{s}^e$*kaem*) durch Jakob erzählt habe,
daß *33* 20, die Mitteilung, Jakob habe in Sichem eine Mazzebe errichtet
und sie »El Elohē-Jisraēl« genannt, sich auf diesen Sieg beziehe, indem
die Mazzebe ein Siegesdenkmal darstelle, und daß *35* 5 auf diese gewalt-
same Eroberung Sichems durch Jakob zurückblicke, der die Städte
lähmende Schrecken also eben durch sie veranlaßt worden sei. Nun
ist es in der Tat mißlich, *35* 5 als Fortsetzung der Erzählung von *34*
zu betrachten, weil diese mit der Befürchtung Jakobs, die Bewohner
des Landes möchten sich mit Sichem solidarisch erklären und das
dieser Stadt von den Söhnen Jakobs angetane Unrecht rächen, wobei
Jakob und die Seinen angesichts ihrer kleinen Zahl dann den kürzeren
ziehen würden, schließt, nicht etwa mit der Beschreibung der Furcht-
barkeit des von den Israeliten über die Stadt verhängten Strafgerichts.
Wenn dergleichen voranginge, wäre *35* 5 als Fortsetzung ohne weiteres
verständlich. So darf man vielleicht die Vermutung wagen, daß die
Befürchtung Jakobs in der Tat eingetroffen ist: die kanaanäischen
Stadtkönige haben sich gegen Jakob und die Seinen zusammenge-
schlossen und sie in allergrößte Gefahr gebracht. Da ist es Joseph gewesen, der den feindlichen Bogenschützen mit seinem Bogen entgegen-
getreten ist, sie niedergeworfen und nun Sichem vollends in Israels
Gewalt gebracht hat. Daß diese kriegerische Joseph-Gestalt sich neben
dem verzogenen Liebling seines Vaters, als den die Joseph-Erzählungen
37; *39—48*; *50* Joseph erscheinen lassen, nicht behaupten konnte, versteht sich ganz von selbst, und ebenso, daß dann die dem Sohne abge-
sprochene Tat, wie es *48* 22 geschieht, auf den Vater übertragen wird.
Übrigens hat, von ganz anderen Voraussetzungen herkommend, EDUARD
MEYER schon 1906 in seinen »Israeliten« auf S. 277 und 288 die Vermutung ausgesprochen, daß die *48* 22 dem Jakob zugeschriebene Tat
ursprünglich von Joseph erzählt gewesen sei.

    Die Annahme, daß zu den von Ruben, Simeon und Levi sowie
Juda handelnden Erzählungen *35* 21.22a; *34*; *38* noch eine Erzählung
zu ergänzen sei, die Joseph eine seinem Vater und seinen Brüdern
zu gute kommende Rettungstat zuschrieb, und daß Jakob diesen fünf
Söhnen ein ihren Taten entsprechendes letztes Wort sagte, das darauf
hinauslief, daß Joseph der an sich den älteren Brüdern gebührende
Vorrang zugesprochen wurde, wird noch durch eine an *49* zu machende
Beobachtung gestützt. Von den Sprüchen über die Jakob-Söhne er-
innern — abgesehen von dem über Ischsakar, in dem aber nicht sowohl

ein bestimmtes historisches Ereignis als vielmehr ein in der Vergangenheit eingetretener Zustand beschrieben wird — nur die Sprüche über Ruben, Simeon und Levi, Joseph an ganz konkrete historische Begebnisse, einerlei ob tatsächliche oder fiktive, und das zeigt sich auch im Tempus der hier gebrauchten Verbalformen. Während sonst nämlich ein gegenwärtiger Zustand beschrieben oder für die Zukunft eine Verheißung gegeben wird, kommen in diesen und nur in diesen Präterita vor, bei Ruben 3–4: »du bist hinaufgestiegen«, »du hast entweiht«; bei Simeon und Levi 5–7: »sie haben getötet«, »sie haben gelähmt«; bei Joseph 22–26: »es reizten ihn und schossen, es befehdeten ihn«, »und es blieb«, »und es waren gelenk«. Das ist kaum Zufall. Vielmehr weisen diese Sprüche — gewiß zuzüglich des zu ergänzenden über Juda — und nur diese auf eine ihr vorausgegangene Erzählung zurück, nämlich auf 35 21. 22 a; 34; 38 und die aus 35 5 zu erschließende Erzählung über eine Rettungstat Josephs. Von hier aus wird es auch deutlich, daß SIMPSONs eingehende und in mancher Hinsicht beachtenswerte Kritik an 49 sich soweit jedenfalls auf falschem Wege befindet, als sie gerade diese historischen Anspielungen als sekundär aus den uns angehenden Sprüchen ausscheiden und zugleich die auf Jakob als Sprecher hinweisenden Worte tilgen will, nämlich 3a. 4a β (b). 6a. 7. 23f. 25f. Anderseits gewinnt von hier aus SIMPSONs oben S. 63f. erwähnte Auffassung, J[1] habe nur von fünf Söhnen Jakobs, von Ruben, Simeon, Levi, Juda und Joseph gewußt und erzählt, insofern Bedeutung, als J[1] in der Tat diese fünf Jakobs-Söhne den anderen gegenüber als eine in bestimmtem Sinne enger zusammengehörige Gemeinschaft betrachtet haben muß. Wie das geschehen ist, läßt sich nicht mehr feststellen. Vielleicht hat er nur Ruben, Simeon, Levi, Juda und Joseph, der Benjamin mit einschließen kann, als Söhne der Hauptfrauen Jakobs, der Lea und der Rahel, betrachtet, die anderen aber Kebsweibern von der Art der 35 21. 22 a genannten Bilha zugeschrieben. Daß, wie SIMPSON S. 420 als erste Möglichkeit erwägt, J[1] Dan, Naphtali, Gad, Ascher, Ischsakar und Sebulon überhaupt nicht zu den Söhnen Israels gezählt haben sollte, ist — ganz abgesehen von dem entgegenstehenden Zeugnis des Debora-Liedes — darum ausgeschlossen, weil doch auch für J[1] die Patriarchen Abraham, Isaak und Jakob ganz Israel repräsentieren und dieses Gesamtisrael von früh an, jedenfalls von der für J[1] in Betracht kommenden Zeit, eben aus den zwölf Stämmen bestand. Zur Not könnte man sich mit der von SIMPSON in zweiter Linie genannten Möglichkeit abfinden, daß J[1] jene sechs Stämme als Sippen des Hauses Joseph aufgefaßt habe. — Jedenfalls — das dürfte deutlich geworden sein — erheben sich gegen die Herausschälung eines J[1]-Fadens aus der Joseph-Geschichte 37; 39—48; 50, wie von diesem Komplex selbst, so auch von den Erzählungen über Ruben, Simeon und Levi, Juda 35 21. 22 a;

34; 38 und den mit ihnen zusammenhängenden alten Sprüchen des Segens Jakobs *49* her sehr schwere Bedenken.

Aus dem weiteren Verlauf des SIMPSONschen J^1-Fadens seien noch zwei Strecken daraufhin geprüft, ob ihre Herauslösung literarkritisch geboten oder auch nur geraten erscheint, nämlich die von Israels Aufenthalt in Kadesch und die von seiner Landnahme handelnden Erzählungen. Die zur ersten Gruppe gehörenden Erzählungen, nämlich Ex *17* 1–2. 5–7; *15* 25; *16* 4. 13–15. 21 (*19* 18); *32* 26–29; Num *11* 1. 3–4. 10–11. 13. 16. 18. 24. 31–32; *20* 1; *13* 17–19. 22. 26–28. 30; *10* 29 spielen mit Ausnahme des eingeklammerten Verses nach SIMPSON alle in oder bei Kadesch, und nur Ex *19* 18 setzt deutlich den Sinai als Schauplatz voraus. Diese vereinzelte eindeutige Erwähnung des Sinai inmitten von Erzählungen, die sonst Kadesch zum Schauplatz haben oder doch haben können, erklärt SIMPSON damit, daß Ex *19* 18 den Rest des Berichtes einer Wallfahrt sei, die Mose von Kadesch aus zum Sinai unternommen habe, um sich von dem dort thronenden Jahwe neue Anweisungen für die in Kadesch vorzunehmende Neuordnung der kultischen und politisch-sozial-juristischen Verhältnisse des Volkes zu holen, und der so verstandene Vers Ex *19* 18 veranlaßt ihn sodann, für die nach seinem Eindruck in ihrem jetzigen Zusammenhang und zu ihrem jetzigen Schauplatz, dem Fuß des Sinai, schlecht passenden Verse Ex *32* 26–29 Kadesch als Schauplatz anzunehmen und sie dahin auszulegen, daß sich das in Kadesch zurückgebliebene Volk während Moses Abwesenheit einer ganz schweren Verfehlung schuldig gemacht und daß Mose, von den zur Belohnung für ihr Verhalten dann mit dem Priestertum belehnten Leviten unterstützt, die Empörer streng bestraft habe. Zwar werden in der Analyse auf S. 201. 204. 208f. 218f. vereinzelte Gründe dafür beigebracht, daß Ex *19* 18; *32* 26–29 besondere, aus ihrer Umgebung herausfallende Größen darstellten, aber ihre eigentliche Würdigung kommt doch erst S. 440, und hier wird es ganz deutlich, daß die Auffassung von Ex *19* 18; *32* 26–29 als Reste eines Berichtes über eine Wallfahrt, die Mose von Kadesch aus zum Sinai unternommen, und eines Vergehens, das das Volk während seiner Abwesenheit im Lager zu Kadesch begangen hat, nicht eigentlich auf den Ergebnissen literarkritischer Analyse, sondern vielmehr auf einem sachlich-stofflichen Postulat beruht. So heißt es auf S. 440: »Angesichts der Vorstellung von J^1, daß das unmittelbare Ziel des Exodus Kadesch war, kann die Ex *19* 18 gegebene Beschreibung des in Eruption befindlichen Sinai kaum etwas anderes sein als das Fragment eines Berichtes über eine bald nach der Ankunft des Volkes in Kadesch unternommene Wallfahrt zum Sinai. Die Erzählung von Ex *32* 26–29 setzt ferner voraus, daß Mose nicht im Lager war, als sich das Geschehen zutrug, für das dann die Strafe verhängt wurde. Daher darf man annehmen, daß diesem

Stück ursprünglich ein Bericht über eine von Mose unternommene Reise vorangegangen ist, die seine längere Abwesenheit vom Lager mit sich brachte. Auf der Grundlage dieser beiden Stellen mag eine Rekonstruktion der Folge der Ereignisse, wie sie ursprünglich in diesem Abschnitt der J¹-Erzählung gegeben war, versucht werden: Mose begab sich von Kadesch zum Sinai, möglicherweise auf Befehl Jahwes, vielleicht um von ihm Anweisungen zu erhalten für die Organisation und die weiteren Bewegungen der Stämme. Bei seiner Rückkehr sah er, daß sich das Volk eines schweren Abfalls schuldig gemacht hatte. Im Tor des Lagers stehend, Ex *32* 26, forderte er die treu Gebliebenen auf, die Schuldigen hart zu bestrafen. Die Leviten entsprachen der Aufforderung und erhielten zur Belohnung das Priestertum.« Daß es sich hier um besonnene und scharfsinnige Erwägungen handelt, die Beachtung verdienen, ist ohne weiteres zuzugeben. Aber daß sie mehr bedeuteten als den Versuch, eine von dem Verfasser aus sachlich-stofflichen Gründen vermutete Stufe der Überlieferung nun auch literarisch zu belegen, wird man kaum behaupten können. Davon, daß Simpson seine Deutung von Ex *19* 18; *32* 26—29 bewiesen oder auch nur wahrscheinlich gemacht habe, kann nicht die Rede sein.

Zur zweiten Gruppe von Erzählungen, die hier noch etwas genauer ins Auge gefaßt werden sollen, zu der von der Landnahme handelnden, gehören Num *10* 29; *21* 1—2; Jdc *1* 17. 19. 16. 10. 20. 10. 12—15. 23—25; Num *32* 39; Jos *17* 1 [Die Wanderung der Rubeniten über den Jordan]; Jos *9* 6—7. 14—15. J¹ läßt also die hier in Betracht kommenden israelitischen Stämme samt Kaleb, Kain und Othniel unmittelbar von Kadesch aus in den Süden Palästinas eindringen, auch das »Haus Joseph« an diesem Vorgehen beteiligt sein, obwohl die hier gebrachte Nachricht von der Eroberung Bethels nicht aus der sonst für J¹ maßgebenden Tradition der Südstämme herrührt und historisch dieser Vorgang mit deren Landnahme auch gar nichts zu tun hat (S. 419f. 448), und im Zusammenhang damit Machir sich Gilead unterwerfen, die Rubeniten vom südlichen Westjordanland ins Ostjordanland hinüberziehen und schließlich die Südstämme mit den unter ihnen wohnenden Horitern eine schiedlich-friedliche Vereinbarung treffen. Im übrigen rührt das gesamte J-Gut von Num *21* 3 bis Jdc *1* 36, soweit es nicht späteren Händen zuzuschreiben ist, von J² her. Dieser hat (S. 236f.) unter dem Zwang, die J¹-Erzählung seiner Vorstellung von dem über das Ostjordanland geschehenen Eindringen der Israeliten ins Westjordanland anzupassen, Num *21* 1—2, die eine den Israeliten von den Kanaanäern beigebrachte Schlappe und ein von den Israeliten für den Fall ihres Sieges über diese Jahwe dargebrachtes Gelübde zum Inhalt haben, beibehalten, die von J¹ in unmittelbarem Anschluß an Num *21* 1—2 berichtete Erfüllung des Gelübdes, Jdc *1* 17, aber in seine Darstellung von den erst nach ihrem Umweg über das Ostjordanland und nach der Überschreitung des Jordan einsetzenden Eroberungskämpfen der israelitischen Stämme im Westjordanland verschoben. Von dem Empfinden geleitet, daß zwischen dem Gelübde und seiner Erfüllung nicht ein so großer zeitlicher Abstand liegen dürfe, wie es sonst im J^2-Aufriß der Fall sein würde, hat dann ein Späterer Num 21 3, wo die sofortige Einlösung des Gelübdes erzählt wird, hinzugefügt. J^2 dagegen hatte auf Num 21 1–2 die Angabe von Israels längerem Aufenthalt in Kadesch und dem hier eingetretenen Tode der Mirjam, Num 20 1, folgen lassen und den Zusammenhang von Num 21 1–2 und 20 1 so verstanden wissen wollen, daß während dieser Zeit bei den Israeliten unter dem Eindruck der soeben von den Kanaanäern des Südlandes erlittenen Schlappe der Entschluß gereift sei, nunmehr von Osten her den Einbruch ins Westjordanland zu unternehmen. Damit war dann Raum gewonnen für die lange Reihe der Stoffe, die jetzt der Erzählung von Num 21 bis Jdc 1 36 das Gepräge geben: Vergebliche Verhandlungen mit Edom wegen des Durchmarsches (Num 20 14–17. 20–21; 21 4), Auflehnung Dathans und Abirams gegen Mose (Num 16 1–2. 12. 25. 27–31. 33. 34), Bileam (Num 22—24 teilweise), Bestrafung des Abfalls zu moabitischen Gottheiten (Num 25 1–4), Verleihung von Wohnsitzen an Ruben und Gad im Ostjordanland durch Mose (Num 32 1–2. 5–6. 20–23. 25. 27. 29–31), Bestellung Josuas zum Nachfolger Moses (Dtn 31 14–15. 23), Tod Moses (Dtn 34 1. 4. 6.), Auskundschaftung Jerichos (Jos 2 teilweise), Übergang über den Jordan (Jos 3 1. 5. 14 16; 4 8), Eroberung Jerichos (6 1; 5 13–14; 6 2. 4. 10–11. 15–16. 20. 22–24), Achans Diebstahl (Jos 7 6. 10–11. 13–26), Eroberung von Ai (Jos 7 2–5; 8 3–5. 8–9. 11. 13–14. 16–17. 19–21. 23–24. 29), Bündnis mit Gibeon (Jos 9 3–7. 12–16. 22–23. 26), Sieg über fünf kanaanäische Könige bei Gibeon (Jos 10 2. 5–8. 11. 16–24. 26–27), Befehl Jahwes an Josua betreffs der Verteilung des Landes, Zusage Josuas an Joseph betreffs Gileads, Verlosung des noch übrig gebliebenen Landes an die noch nicht bedachten Stämme Benjamin, Simeon, Sebulon, Ischsakar, Ascher, Naphtali und Dan (Jos 13 1. 7; 17 17–18; 18 2. 5–7. 9. 11; 19 1. 10. 17. 24. 32. 40), Josuas Tod und die danach einsetzenden Kämpfe der einzelnen Stämme oder Stämme-Gruppen um ihr Gebiet (Jdc 1 1–4). Erst dann kehrt J^2 zu dem bei Num 21 2 verlassenen J^1-Faden zurück und bringt die bei J^1 unmittelbar an Num 21 1–2 anschließenden Stücke Jdc 1 17. 19. 16. 10. 20. 12–15. 23–25; Num 32 29; Jos 17 1, indem er die hier von J^1 als Unternehmungen der von Kadesch in Palästina eindringenden Südgruppen berichteten Eroberungen und die von ihm daran angeschlossene Einnahme Bethels durch das »Haus Joseph« als Teile der Kämpfe betrachtet wissen will, die trotz der von Josua über die Kanaanäer errungenen großen Erfolge die einzelnen Stämme zur wirk-

lichen Sicherung der ihnen zugefallenen Landlose nach dessen Tode
doch noch zu bestehen hatten. Um aber den Eindruck zu vermeiden, als
ob diese Operationen den Zerfall der nationalen Einheit Israels bedeuteten, schickt J² der Aufzählung dieser Kämpfe in Jdc *1* 1–4 die Angabe voraus, daß das Vorgehen der einzelnen Gruppen von Jahwe an-
geordnet worden sei. Im übrigen hat J² die J¹-Vorlage nur dahin modi-
fiziert, daß er — seiner Vorstellung von dem Gang der Dinge entsprechend, nach der es sich wenigstens bei den Südstämmen um ein Vorgehen von Norden, nämlich von Gilgal nach Süden und nicht um-
gekehrt von Süden nach Norden handelt und so unter der Palmen-
stadt in Jdc *1* 16 nicht wie bei J¹ Thamar im Süden, sondern Jericho
zu verstehen ist — die ihr entnommenen Verse in diese Folge: Jdc *1* 10.
12–17. 19–20. 10. 23–25; Num *32* 39; Jos *17* 1 gebracht und die bei J¹
selbständigen Gruppen Kaleb, Othniel und Kain dem Stamm Juda
eingegliedert hat. Neu hinzugekommen sind bei J² die Mitteilung über
die Bestattung der Gebeine Josephs in Sichem Jos *24* 32, die gleich
hinter dem Bericht von der Eroberung Bethels durch Joseph erzählt
wird, die auf Josuas Zusage von Jos *17* 18 zurückgreifende Erzählung
von der Ausbreitung der Manassiten im Ostjordanland Num *32* 41–42;
Jos *13* 13, die an die J¹-Nachricht von Machirs Unternehmen gegen
Gilead Num *32* 29; Jos *17* 1 angehängt ist, und danach (Jdc *1* 27. 29–31.
33–36) ein Verzeichnis der in den einzelnen Stammesgebieten verblie-
benen kanaanäischen Enklaven sowie eine Angabe über die Grenze
zwischen dem Gebiet der Südstämme und Edom.

Die von SIMPSON vorgetragene Auffassung, daß der älteste hexa-
teuchische Erzählungsfaden den Umweg Israels um Edom und Moab
herum und ein Eindringen in Kanaan von Osten her nicht gekannt,
sondern sich die hier in Betracht kommenden israelitischen Gruppen
als unmittelbar von Kadesch aus nach Norden ziehend vorgestellt habe,
ist nicht ganz neu. Vielmehr hat sich bereits CARL STEUERNAGEL, der
seinerseits auf EDUARD MEYERs Aufsatz »Kritik der Berichte über die
Eroberung Palästinas (Num *20* 14 bis Jud *2* 5)« von 1881 (ZAW 1, 1881,
S. 117—146 mit Nachwort von B. STADE S. 146—150) fußt, in seinem
Buch über »Die Einwanderung der israelitischen Stämme in Kanaan«,
1901, S. 70—83 dahin ausgesprochen, daß der Jahwist »Israel« unmittelbar von Kadesch aus nach Kanaan habe eindringen lassen, daß
— anders ausgedrückt — bis auf ganz wenige, jetzt in falschem Zusammenhang stehende Stücke nichts zwischen Num *21* 3 und Jdc *1*
auf J zurückginge. EDUARD MEYER selbst hat freilich die von STEUER-
NAGEL aus seinem Aufsatz von 1881 gezogenen Konsequenzen abgelehnt
und in seinen »Israeliten« von 1906, S. 75—77 mit Nachdruck erklärt,
daß historisch die Annahme, die Südstämme seien ohne den Umweg
über das Ostjordanland unmittelbar von Kadesch her in ihre Sitze ge-

langt, freilich zutreffe, daß aber ein diesen Hergang wiedergebender
Erzählungsfaden nicht nachweisbar sei, vielmehr »die auf uns gekommenen Erzählungen alle den einheitlichen Zug sämtlicher Stämme ins
Ostjordanland und die Eroberung Kanaans von hier aus voraussetzen«
(S. 77). Daß sie sich das Eindringen des betreffenden Teils Israels oder
besser Judas in Kanaan als von Süden her geschehen vorgestellt hat,
»das gilt lediglich für die Sagentradition, die J aufnahm, nicht für seine
eigene Erzählung« (S. 77). SIMPSON glaubt hier das sonst von ihm
weithin als vorbildlich anerkannte Werk von EDUARD MEYER berich-
tigen zu müssen und feststellen zu können, »daß in den um Jdc *1* 1—2 5
vermehrten Hexateuch eine sehr kurze und schlichte Erzählung vom
Eroberungsvorgang eingebettet ist, die ein Eindringen in Palästina von
Süden, nicht vom Osten berichtete und die hauptsächlich die südlichen
Stämme im Auge hatte« (S. 33). Aber auch hier kommt SIMPSON darüber, gezeigt zu haben, daß es möglich ist, durch Auslassungen, Umstellungen, kleine Ergänzungen und Änderungen aus dem uns überlieferten Hexateuch-Text, insonderheit aus seinem J-Bestand, einen
dünnen Erzählungsfaden herauszulösen, der dem traditionsgeschichtlich
postulierten Tatbestand einigermaßen entsprechen würde, nicht hinaus.
Davon, daß diese Herauslösung als literarkritisch notwendig oder auch
nur berechtigt erwiesen würde, kann nicht die Rede sein. Vielmehr erheben sich von dieser Seite her gegen SIMPSONs Maßnahmen schwere
Bedenken. Das mag an zwei hierher gehörigen Beispielen etwas näher
erläutert werden.

Die Verse Num *21* 1—3 machen durchaus den Eindruck, daß sie
von ein er Hand herrühren. SIMPSON bestreitet das, indem er 1—2 J^1
zuweist, 3 aber für eine Glosse hält, die sich daraus erkläre, daß die
durch J^2 herbeigeführte Auseinanderreißung von 1—2 und ihrer un-
mittelbaren Fortsetzung Jdc *1* 17 und die damit gegebene Hinaus-
schiebung der Erfüllung des Num *21* 1—2 ausgesprochenen Gelübdes
als anstößig und korrekturbedürftig empfunden worden sei. Aber die
hier gemachte Voraussetzung, daß Jdc *1* 17 und Num *21* 1—2 zusammen-
gehörten, ist, wie gleich näher darzulegen ist, keineswegs so selbstverständlich, wie es SIMPSON und anderen scheint, so daß sie keine trag-
fähige Grundlage für die Ausscheidung von 3 abgibt. Bei der Hand-
habung seines zweiten für den sekundären Charakter von 3 geltend
gemachten Arguments scheint SIMPSON ein Mißverständnis unterlaufen
zu sein. Denn die S. 236 in dem Satze: »Ein weiteres Anzeichen für die
sekundäre Natur des Verses ist die Tatsache, daß hier 'die Kanaaniter',
Plural, gebraucht wird im Gegensatz zum Singular von 1« gemachte
Feststellung, daß 3 »Kanaaniter« im Plural stehe, trifft gar nicht zu,
vielmehr steht hier dieselbe Singular-Form wie in 1. Das Mißverständnis
ist gewiß dadurch veranlaßt worden, daß HOLZINGER, auf den — neben

EDUARD MEYER — sich SIMPSON für die Ausscheidung von 3 aus der
ursprünglichen Erzählung beruft, in seinem Numeri-Kommentar von
1903 an der pluralischen Behandlung von »der Kanaaniter«, also an dem
sich auf »der Kanaaniter« bezüglichen Plural-Suffix der Akkusativ-
Partikel, an אֹתָהֶם, Anstoß genommen hat, ein Anstoß übrigens, der
auch bei HOLZINGER nicht berechtigt und kaum verständlich ist; denn
pluralische Konstruktion von »der Kanaaniter« liegt bereits in 1–2 insofern vor, als »der Kanaaniter« von 1 in 2 durch »dieses Volk« weiter-
geführt und die diesem gehörenden Städte, die dann genannt werden,
das Plural-Suffix erhalten (עָרֵיהֶם). Von sprachlichen Kriterien aus
läßt sich also über »Echtheit« oder »Unechtheit« von 3 kein Urteil
fällen. Um so gründlicher muß das — bereits gestreifte — sachliche
Bedenken gegen die Ursprünglichkeit des Verses nachgeprüft werden,
das aus seinem Verhältnis zu Jdc 1 17 erwächst, nämlich aus der Tatsache, daß die Num 21 1–3 von ganz Israel ausgesagte Besiegung der
Kanaaniter des Negeb samt der Bannung ihrer Städte und der Umnennung des Ortes in Horma Jdc 1 17 Juda und Simeon in der Weise
zugeschrieben wird, daß diese die Zephat bewohnenden Kanaaniter ge-
schlagen, ihre Stadt gebannt und sie in Horma umgenannt hätten, und
daß, wenn beide Male dasselbe Geschehen gemeint ist, der Num 21 3
gegenüber einen altertümlicheren Eindruck machende Vers Jdc 1 17
als die ursprüngliche Fortsetzung von Num 21 1–2 in Anspruch genommen, Num 21 3 aber als eine, wie immer veranlaßte sekundäre Zutat
beurteilt werden muß. Nun ist die Annahme, daß beide Male dasselbe
Geschehen gemeint sei, keineswegs so selbstverständlich, wie sie jetzt
gemeinhin gilt. Vielmehr lassen sich sehr ernsthafte Gründe dafür ins
Feld führen, daß Jdc 1 17 eine ganz andere Stätte im Auge hat als
Num 21 1–3. Schon die Tatsache, daß sich die Versuche, das für iden-
tisch gehaltene Horma der beiden Stellen zu identifizieren, deutlich
danach gruppieren lassen, ob für diesen Versuch mehr Num 21 1–3 und
die hinsichtlich der Lage des hier erwähnten Horma sicher mit 21 1–3
übereinstimmende Erzählung Num 14 39–45 maßgebend gewesen ist
oder Jdc 1 17 und die ihr in der uns angehenden Frage verwandten
Stellen Jos 12 14; 15 30; 19 4; 1. Sam 30 30; I. Chron 4 30, gibt zu
denken. EDUARD ROBINSON, Palästina und die südlich angrenzenden
Länder III, 1, 1841, S. 150 und E. H. PALMER, Der Schauplatz der
vierzigjährigen Wüstenwanderung Israels, 1876, S. 292f., für die deutlich Num 14 39–45 und 21 1–3 im Vordergrund des Interesses standen
und zugleich die dem damaligen Stand der Palästina-Forschung entsprechend von ihnen angenommene sprachliche Identität der heutigen
Ortsbezeichnungen Ṣafā und Isbeiṭā und des antiken Namens Zephat
eine Rolle spielte, setzten beide Zephat-Horma noch etwas südlicher
als die Südspitze des Toten Meeres an, ROBINSON im Naḳb eṣ-Ṣafā,

etwa 30 km sw. davon, PALMER in Isbeiṭā, etwa 50 km weiter westlich. Als dann aber die Topographie Palästinas durch neu erschlossene ägyptische Listen palästinischer Orte und genaue archäologische Untersuchungen des Bodens Palästinas einerseits und durch den mit methodischer Beachtung der hier in Betracht kommenden Sprachgesetze gegebenen Verzicht auf viele unbegründete Gleichsetzungen von heutigen Ortsnamen mit antiken anderseits neue Antriebe erhielt und sich damit der Schwerpunkt auf die historischen Aussagen über Zephat-Horma, d. h. auf die Jdc *1* 17 nahestehenden Stellen, verschob, ergab sich alsbald die Notwendigkeit, Zephat-Horma 50 bis 100 km weiter nördlich anzusetzen, etwa in Tell eš-Šerīʿah in der Mitte zwischen Gaza und Bīr es-Sebaʿ — so W. F. ALBRIGHT, JPOS 4, 1924, S. 155 — oder in Tell es-Sebaʿ bzw. Tell el-Mšāš, 5 km östlich von Bir es-Sebaʿ — so A. ALT, JPOS 15, 1935, S. 314—323 bzw. M. NOTH, Das Buch Josua, 1938, S. 65; Überlieferungsgeschichte des Pentateuch, 1948, S. 147. Da auch bei dieser neuen Ansetzung die alte Voraussetzung von der Identität des Num *21* 1–3; *14* 39–45 einerseits und Jdc *1* 17 und in den verwandten Stellen anderseits genannten Horma beibehalten wurde, verschob sich auch das dort Erzählte viel weiter nach Norden, als der Zusammenhang an sich es nahe legt. So wird die Frage aufgeworfen werden müssen, ob die übliche Annahme von der Identität des in den beiden Gruppen von Stellen genannten Horma wirklich zutrifft. Da will denn zunächst die Stelle Dtn *1* 44 beachtet sein, die das Horma von Num *14* 39–45 mit Seʿir zusammenbringt, wenn sie erzählt: »Und der Amoriter, der auf diesem Gebirge wohnt, zog euch entgegen, und sie verfolgten euch, wie es die Bienen tun, und schlugen euch in Seʿir bis Horma«. Wie immer das merkwürdige »in Seʿir bis Horma« zu erklären sein mag, eine südlichere Ansetzung von Horma als die durch die Verwandten von Jdc *1* 17 gebotene erfordert es jedenfalls. Sodann gewinnt, worauf schon EDUARD MEYER, Die Israeliten, S. 410, freilich ohne Preisgabe der Identifizierung der beiden Horma, hingewiesen hat, man aus Num *14* 39–45; *21* 1–3 den Eindruck, daß Horma hier nicht sowohl Name einer bestimmten Stadt als vielmehr einer Landschaft ist, daß hier also gar nicht wie zweifellos Jdc *1* 17, eine bestimmte kanaanäische Königsstadt gemeint sein kann. SMEND erklärt denn auch in seiner »Erzählung des Hexateuch«, S. 216, bei der Zuweisung von Num *21* 1–3 an J¹ kategorisch: »Von einem anderen Horma ist bei J¹ Jdc *1* 17 die Rede«. Schließlich verdient hier ein Satz aus KURT MÖHLENBRINKs Aufsatz über »Josua im Pentateuch« (ZAW 59, 1943, S. 14—58) Erwähnung: »Die Dinge liegen so, daß die Überlieferungen über die Amalekiterschlacht in Num *14* und *21* richtig besehen nicht auf Jdc *1* 16f. hinweisen, sondern sich im Gegenteil auf Ex *17* 8–16 zurückbeziehen« (S. 46).

Ebensowenig wie die unter Preisgabe von Num *21* 3 vollzogene
Verbindung von Jdc *1* 17 mit Num *21* 1–2 zu einer J^1-Erzählung und
die Zuweisung des zwischen Num *21* 2 und Jdc *1* 10 stehenden J-Gutes
an J^2 oder spätere J-Hände läßt sich in Jdc *1* die Auseinanderreißung
der Verse 10–20. 23–25, die SIMPSON bis auf kleine Teilchen seinem
J^1 zuschreibt, und 1–4. 22. 27. 29–36, die er auf seinen J^2 zurückführt,
literarkritisch beweisen oder auch nur rechtfertigen. Denn so mancherlei
Unebenheiten Jdc *1* im übrigen aufweist, so kann doch die Zusammengehörigkeit von 1–4. 22 mit dem Grundbestand von 5–21 und 23–36
nicht wohl bestritten werden, da diese beiden Stücke ohne 1–4. 22 in
der Luft schweben und anderseits auch 1–4. 22 ohne sie ein bloßer
Rahmen ohne Füllung sind: Nachdem auf die — offenbar in Gilgal —
von den Israeliten an Jahwe gerichtete Frage, wer zuerst gegen die
Kanaaniter zum Kampfe hinausziehen soll, Juda dazu bestimmt ist,
auf dessen Bitte sich Simeon ihm angeschlossen hat und sie beide die
Kanaaniter und Perissiter bei Besek in einer großen Schlacht niedergeworfen haben (1–4), erfolgt nun die Besetzung des Juda und Simeon
zugefallenen Landloses (Grundlage von 5–21). Als zweite Gruppe bricht
dann das »Haus Joseph« aus Gilgal auf und darf sich ebenso wie Juda,
bei dem das 4 ausdrücklich festgestellt wird, des Beistandes Jahwes
erfreuen (22). So können die zum »Hause Joseph« gehörenden Stämme
die ihnen zukommenden Landlose in Besitz nehmen, was freilich nicht
bedeutet, daß in ihnen keine kanaanäischen Enklaven geblieben wären
(Grundlage von 23–36). Die von SIMPSON vorgenommene Aufteilung
dieses trotz aller Störungen, die er erfahren hat, doch geschlossenen und
sinnvollen Erzählungsganges auf zwei Hände, auf J^1 (17. 19. 16. 10. 20.
10. 12–15. 23–24) und J^2 (1–4. 10. 11. 12. 13. 14. 15. 16. 17. 19. 20. 10. 22. 23–25) dagegen ist mit zwei großen Schwierigkeiten belastet. Zunächst muß
SIMPSON die in der Grundlage von 5–21 innegehaltene Folge der
Geschehnisse, die ein verständliches Fortschreiten von Norden nach
Süden bedeutet, seiner Auffassung von dem in J^1 erzählten Landnahme-
Vorgang entsprechend durch allerlei Umstellungen in ihr Gegenteil ver-
kehren, nämlich durch einen süd-nördlichen Eroberungszug ersetzen,
eine Maßnahme, die der oben S. 37 erwähnten Umstellung der E-Er-
zählungen des Josuabuches ähnlich ist, sich aber ebensowenig wie diese
auf irgendwelche literarkritisch stichhaltigen Argumente stützen kann,
sondern, wiederum wie diese, das Ergebnis eines traditionsgeschichtlichen Postulats ist. Sodann sieht er sich genötigt, die von ihm J^2
zugeschriebenen Verse 1–4 so zu verstehen, als ob sie die J^2-Darstellung
des Josuabuches, nach der das Land Kanaan von Josua unterworfen
und verteilt ist, und den J^1-Bericht von 10–25, nach dem die Südgruppen und Joseph die Eroberungskämpfe um Kanaan auf eigene
Faust beginnen, dahin ausgleichen sollten, daß auch nach Josuas

gewaltigen Siegen über die Kanaaniter sich doch noch Widerstands-
nester erhalten hatten, die nun auf Jahwes Anordnung von den einzelnen Gruppen bezwungen werden mußten. Wer aber 1–4 unbefangen
liest, kann als Meinung des Erzählers nur dies heraushören, daß der
Kampf gegen die Kanaaniter noch nicht begonnen hat. Was bisher —
offenbar unter Führung Josuas — geschafft ist, das ist der Übergang
über den Jordan und die Sicherung eines Brückenkopfes im Westjordanland, nämlich die Gewinnung von Gilgal als Standquartier. Aber
der Kampf gegen die das Westjordanland beherrschenden Kanaaniter
selbst soll erst jetzt, nachdem Josua die Augen geschlossen hat, seinen
Anfang nehmen. Wenn — und das ist ja auch Simpsons Meinung —
im Buch Josua eine der E-Erzählung weithin parallel verlaufende
J-Erzählung vorliegt, dann kann der Grundbestand von Jdc 1 1–2 5
nicht als Fortsetzung dieser J-Erzählung, sondern nur als Parallele dazu
verstanden werden.

So wird, aufs Ganze gesehen, gesagt werden müssen, daß das, was
der von Simpson vorgelegten Hexateuch-Analyse ihr eigentliches Gepräge gibt und sie von allen Vorgängerinnen unterscheidet, die Zerlegung der Hauptmasse des J-Bestandes in eine ganz knappe Grunderzählung, J^1, und eine, diese unter allerlei Umstellungen beibehaltende
und stark erweiternde, Ergänzung, J^2, einer kritischen Nachprüfung
nicht standhält. Das bedeutet keineswegs, daß Simpsons Buch nicht
auch zum besseren exegetischen und literarkritischen — beides geht
Hand in Hand — Verständnis des J-Anteils am Hexateuch mancherlei
beitrüge. Vielmehr nötigt seine alle — tatsächlichen oder vermeint-
lichen — Unebenheiten unerbittlich aufdeckende Kritik zur Preisgabe
mancher für selbstverständlich gehaltenen Auffassung und zur Anerkennung oder doch ernsthaften Erwägung neuer Erkenntnisse, und was
vom J-Anteil am Hexateuch gilt, trifft auch für E zu. Hier ist, um nur
ein Beispiel zu nennen, die Erkenntnis, daß E die von J vertretenen
religiös-sittlichen Vorstellungen zu verfeinern und zu vergeistigen sich
bestrebt, durch manche neue Beobachtungen gefördert. Über der durch
den Tatbestand erforderlich gemachten Erhebung von Bedenken gegen
die von ihm vollzogene Auflösung des hexateuchischen J-Gutes in einen
ganz dünnen Grundfaden, J^1, und dessen starke Erweiterung, J^2, darf
der positive Beitrag, den Simpson zur Erhellung auch der literarkritischen Seite des Hexateuchproblems mit seinem Buch geleistet hat,
keinesfalls übersehen werden.

VIII. Kritik der Auffassungen SIMPSONs über die von J¹, J² und E vorausgesetzten Traditionen und deren historische Hintergründe

Was die nach SIMPSON von den vordeuteronomischen Hexateuch-Erzählern verwerteten Traditionen und die historischen Tatsachen, die zu ihnen Veranlassung gegeben haben, angeht, so muß von vornherein festgestellt werden, daß die hierher gehörigen Teile seines Buches einen besonders hohen Wert haben. Mit unermüdlichem Eifer geht SIMPSON dem Werdegang der einzelnen Erzählungen und Erzählungszüge von ihrer etwa feststellbaren Veranlassung durch bestimmte historische Gegebenheiten über ihre Entstehung und Weitergabe bis zu ihrer ersten schriftlichen Fixierung und den Veränderungen, die sie bei den auch dann noch anhaltenden Umformungen und bei weiteren schriftlichen Fixierungen erfahren haben, nach und wirft dabei viele Fragen auf, an die man bisher überhaupt nicht gedacht hat. Gewiß sind die in den einzelnen Fällen gegebenen Antworten nicht immer überzeugend, und hin und wieder gewinnt man gar den Eindruck, daß SIMPSON mehr wissen möchte, als bei der Lage der Dinge zu wissen möglich und erlaubt ist. Aber auch da wirkt die Gedankenführung SIMPSONs anregend, indem sie das betreffende Phänomen in neue Beleuchtung rückt und dadurch zu seinem besseren Verständnis oder doch zu klarerer Einsicht in seine Besonderheit und Merkwürdigkeit verhilft. Das mag an einigen Beispielen veranschaulicht werden.

Die Kunde von der »Urheimat« der Israeliten — meint SIMPSON —, die hinter dem Nordostrand des Roten Meeres in der Umgebung des hier zu suchenden vulkanischen Sinai oder — für eine kleinere, später in Nordisrael aufgegangene Gruppe — auf der Westhälfte der Sinai-halbinsel bei dem hier anzusetzenden Berge Horeb gelegen hat, ist von den Verfassern der drei vordeuteronomischen hexateuchischen Erzählungswerke oder den für sie maßgebenden Traditionen darum verdunkelt worden, weil sie die den Kanaanäern entlehnten Patriarchen als die Väter Israels betrachteten und sie diese zur Vernebelung ihrer wahren Natur einerseits und in Würdigung der Herkunft Israels aus der Wüste anderseits wohl aus der östlich an das Land angrenzenden Wüste nach Kanaan übertreten, später auch aus dem entfernteren Osten, aus Mesopotamien, oder gar aus Ur der Chaldäer kommen lassen konnten, aber nicht aus Israels wirklicher Urheimat. SIMPSON spricht also der Überlieferung, die Abraham von Osten her, einerlei, ob aus der östlich an Kanaan angrenzenden syrisch-arabischen Steppe — so

J^1 — oder aus Mesopotamien — so J^2 und E — oder gar aus Ur-Chasdim — so P — kommen und Isaak und Jakob von dorther ihre Frauen gewinnen läßt, jede historische Grundlage ab. Aber so berechtigt auch das Mißtrauen gegen die z. Zt. wieder sehr beliebten Versuche, die von den Beziehungen der Patriarchen nach dem Osten handelnden Erzählungen bis in Einzelheiten hinein für glaubwürdig zu erklären und zur Bekräftigung dieser Auffassung neu erschlossene Texte, wie die von Boghazköi, Nuzi und Mari auszuwerten, sein mag, aus der Luft gegriffen können die Nachrichten von derartigen Beziehungen nicht sein, vielmehr muß ihnen eine zutreffende, wenn auch sehr verdunkelte, Kunde von wirklichen Geschehnissen zugrunde liegen. Die Umgebung des Sinai oder des Horeb statt dessen als die wirkliche Urheimat der Vorfahren Israels zu betrachten, geht schon deswegen nicht an, weil die Überlieferung, die — der späteren Vorstellung, daß Israel von jeher denselben Gott, den Schöpfer Himmels und der Erde, den einzigen Gott, außer dem es keinen anderen gibt, verehrt habe, geradezu ins Gesicht schlagende, also unerfindbare — Erinnerung daran festgehalten hat, daß Sinai und Kadesch für Israel die Übernahme eines neuen, von dem derPatriarchen verschiedenen, wenn dann auch mit ihm identifizierten, Kultus bedeuten, eine Erinnerung, zu denen die Patriarchen-Erzählungen insofern stimmen, als die von ihnen vertretene Gottesvorstellung sich von der in den Sinai- und Kadesch-Geschichten maßgebenden in der Tat sehr erheblich unterscheidet. Bei der Erörterung der Möglichkeit, daß die von J^1 und J^2 aus der kanaanäischen Hebron- und Beerseba-Tradition entnommenen Namen der Frauen Abrahams und Nahors, Sara und Milka, aus Beziehungen dieser Heiligtümer zum mesopotamischen Haran, der Stätte des Sin-Kultes, hinweisen, erklärt SIMPSON mit allem Vorbehalt diese Beziehungen daraus, daß eine vorisraelitische Wanderung aus der Gegend von Haran nach Palästina stattgefunden habe (S. 500. 510). Wenn man aber an eine Wanderung vorisraelitischer Gruppen von Mesopotamien nach Palästina denken und annehmen darf, daß sich eine Erinnerung daran in den Patriarchen-Erzählungen erhalten hat, warum sollte, was doch bei dem Überlieferungsbefund viel näher liegt, es nicht erlaubt sein, derartige Wanderungen israelitischer Gruppen für möglich zu halten?

Mit der eben vertretenen Auffassung, daß die Überlieferung von den Beziehungen der Patriarchen zum Osten doch irgendeine historische Grundlage haben müßte, ist bereits die Beurteilung dieser Gestalten als kanaanäische Götter oder Heroen ins Wanken geraten. Diese — vor SIMPSON von Gelehrten wie EDUARD MEYER und G. HÖLSCHER vertretene — Meinung kann sich aber auf so gewichtige Argumente stützen, daß doch noch besonders auf sie eingegangen werden muß, um so mehr, als SIMPSON zu den für sie früher angeführten Beobachtungen neue hinzugefügt hat. Daß die Patriarchen fest mit dem Boden Kanaans, vorab mit seinen Heiligtümern — Abraham mit Hebron, Isaak mit Beerlahajroi und Beerseba, Jakob mit Penuel und anderen Stätten im Ostjordanland sowie mit Sichem und Bethel im Westjordanland — verbunden sind, liegt auf der Hand, und diese Verbundenheit gewinnt durch die Tatsache, daß auch schon nach dem Zeugnis der vordeuteronomischen Erzählungswerke wenigstens bei einem Teil von ihnen, ihren Frauen und ihren Kindern ihre Gräber in Kanaan — Rahel unweit Bethel, Jakob im Ostjordanland, Joseph in Sichem — gezeigt und verehrt werden, den Eindruck der Ursprünglichkeit. Aber aus dieser Gräberverehrung, die Simpson wiederholt als besonders gewichtiges Argument für kanaanäische Herkunft der Patriarchen anführt, darf doch nicht allzuviel geschlossen werden. Denn es war und ist im Vorderen Orient nun einmal Brauch, das pietätvoll-kultische Andenken an bedeutende Gestalten, einerlei, ob der menschlichen oder der übermenschlichen Sphäre angehörend, in der Weise festzuhalten, daß man ihnen ein Grab oder auch — an verschiedenen Stellen — mehrere Gräber weiht und sie dort verehrt. Noch Jahrhunderte und Jahrtausende nach der für die Patriarchen in Betracht kommenden Zeit läßt sich die Neubildung solcher Gräber-Traditionen beobachten, die nur als Ausdruck der von dem betreffenden Bereich der hier als bestattet ausgegebenen Gestalt erwiesenen Verehrung gewertet, aber keinesfalls als Beweis dafür, daß diese Gestalten hier wirklich bestattet lägen oder aus dieser Gegend stammten, geltend gemacht werden dürfen. Das gilt von dem in Hamadan gezeigten Grabe Mordochais und Esthers nicht minder als von den — ebenfalls bis heute von Juden und Muhammedanern und auch wohl von Christen verehrten — Gräbern des Daniel in Schusch, der Stätte des alten Susa, und des Esra in Al-ʿAzair am Unterlauf des Tigris. Ebensowenig bedeutet die enge Verbindung der Patriarchen mit Heiligtümern Kanaans einen eindeutigen Beweis dafür, daß sie hier bodenständig wären und von Haus aus gar das Numen des betreffenden Heiligtums gebildet hätten. Vielmehr läßt sich diese Verbindung ebenso gut damit erklären, daß die von auswärts gekommenen Patriarchen — seien es Einzelgestalten, seien es Gruppen — oder doch die Anhänger der von ihnen außerhalb des Kulturlandes gestifteten Kulte von der Art des Kultes der Götter der Väter, wie ihn A. Alt, Der Gott der Väter. Ein Beitrag zur Vorgeschichte der israelitischen Religion, 1929, beschrieben hat, an dem in diesen Heiligtümern gepflegten Kultus teilgenommen und unter Anpassung an ihre eigene Gottesvorstellung ihn sich schließlich ganz zu eigen gemacht haben. Was dieser Auffassung vor der Erklärung der Patriarchen als autochthon kanaanäischer Gestalten den Vorzug gibt, ist vor allem zweierlei. Zunächst wäre es bei dem sonst überall bemerk-

baren Gegensatz zwischen dem israelitischen und dem kanaanäischen
Wesen höchst merkwürdig, wenn die Israeliten kanaanäische Heroen
übernommen und zu ihren Ahnen umgemünzt hätten. Sodann bliebe
es schwer erklärlich, daß die Lebensweise der Patriarchen im Lande
Kanaan die von »Gästen und Beisassen« ist, während das bei der Annahme, daß die Patriarchen — wiederum einerlei ob Einzelpersonen
oder Gruppen — etwa im Wege des Weidewechsels für kürzere oder
längere Zeit aus der benachbarten Steppe nach Kanaan übergetreten
sind, ohne weiteres verständlich ist. Denn diese Art haftet den Patriarchen so fest an, daß die von SIMPSON vertretene Annahme, J^1
oder die für ihn maßgebende Tradition hätte sie um des Ausgleichs
zwischen der kanaanäischen Tradition und der israelitischen Wüsten-
überlieferung willen erfunden, unmöglich wird. Aber wenn auch
SIMPSON trotz des Aufgebots alter und neuer Argumente der Auffassung,
die Patriarchen seien von Haus aus kanaanäische Götter- oder Heroen-
Gestalten, kaum zum Siege verhelfen wird, so nötigen doch seine hierher gehörigen Erwägungen den Leser jedenfalls zu neuem Durchdenken
des Tatbestandes. Die S. 39 dargelegte Art etwa, wie sich SIMPSON
die von Haus aus selbständigen kanaanäischen Erzählungsmotive vom
Untergang einer frevelhaften Stadt und von der Erhaltung der Mensch-
heit durch den Umgang zweier Töchter mit ihrem Vater zunächst miteinander verbunden, dann an die Person Abrahams angeheftet und
schließlich der israelitischen Wüsten-Tradition angepaßt denkt, trägt,
mag man diese Darlegungen für richtig halten oder nicht, zur Einsicht
in die hier beschlossenen Fragen jedenfalls in hohem Maße bei. Ähnliches wäre über das zu sagen, was SIMPSON, wie ebenfalls (S. 40)
dargelegt, an Vermutungen darüber vorträgt, wie der am Ostjordanland
haftende Jakob zunächst zum Vater Rubens, dann auch zum Vater
Simeons, Levis, Judas und Josephs und schließlich auch der anderen
israelitischen Stämme geworden ist.

Von den Söhnen Jakobs glaubt SIMPSON mit Sicherheit Joseph
als eine aus der kanaanäischen Tradition übernommene, an Sichem
haftende mythische Gestalt erklären und dieser Tradition insbesondere
seine Verbindung mit Ägypten zuschreiben zu können, was dann zugleich bedeutet, daß die durch die Joseph-Erzählungen so nahe gelegte
und weithin für selbstverständlich gehaltene, neuerdings freilich auch
von M. NOTH, Die Überlieferungsgeschichte des Pentateuch, 1948,
S. 229 u. ö. wieder nachdrücklich in Frage gestellte Annahme, es sei
gerade der Joseph-Stamm gewesen, der, ganz oder teilweise, nach Ägypten übergetreten, hier unterdrückt worden, dann entwichen sei und nun
die auf diesen Ausbruch aus Ägypten folgenden Schicksale erlebt habe,
auf optischer Täuschung beruht und durch die Auffassung ersetzt
werden muß, daß vielmehr die Südstämme, wiederum ganz oder teil-

weise, die Geschicke der ägyptischen Episode erfahren haben. Nun ist es gewiß gut, wenn der Forschung die Fragwürdigkeit der immer noch herrschenden Meinung, unsere Überlieferung vom Übertritt Israels nach Ägypten und seinem Auszug von dort sei eine Ausweitung von Erfahrungen allein des Joseph-Stammes, einmal wieder klar gemacht und sie erneut zur Erwägung der durchaus gegebenen Möglichkeit, ob es sich nicht vielmehr ursprünglich um Erlebnisse der Südstämme handele, genötigt wird. Aber die Belastung der an sich schon ganz hypothetischen Auffassung Josephs als einer kanaanäischen mythischen Größe mit der in noch höherem Grade hypothetischen Vermutung, diese kanaanäische Gestalt sei als mit Ägypten in Verbindung stehend gedacht worden, ist schwerlich geeignet, die Forschung zur Preisgabe der Meinung, daß in unserer Joseph-Erzählung die Erinnerung an geschichtliche Schicksale des Joseph-Stammes in Ägypten nachklinge, und zur Übertragung der ägyptischen Episode auf die Südstämme zu bewegen. Ohne positiven Ertrag sind indes die hierher gehörigen Gedankengänge Simpsons ebensowenig wie seine Erwägungen über die ostjordanländische Herkunft Jakobs und sein Emporwachsen zum Vater Rubens und der anderen israelitischen Stämme. Man lese, um das bestätigt zu finden, noch einmal nach, was S. 41 über die Art gesagt ist, wie sich nach Simpson die Übernahme der kanaanäischen Rahel, der Mutter Josephs, durch die israelitische Tradition im einzelnen vollzogen hat, Erwägungen, die — wiederum einerlei, ob im einzelnen richtig oder nicht — zu besserem Verständnis des Tatbestandes jedenfalls das ihre tun.

Die Vieldeutigkeit unserer Überlieferung kommt einem beim Nachlesen dessen, was Simpson, wie S. 43 f. kurz berichtet ist, über die Gestalt Moses zu sagen hat, recht zum Bewußtsein. Darin, daß Mose zu Kadesch und Levi besondere Beziehungen hat, herrscht unter allen Sachverständigen Übereinstimmung, und auch den Erwägungen wird niemand ihre Berechtigung absprechen, daß Mose möglicherweise erst sekundär, gegen die geschichtliche Wirklichkeit, mit Ägypten in Verbindung gebracht worden sei. So kann die Überlieferung mit der Annahme, daß sie die tatsächlich in Kadesch stattgefundene Geburt Moses von sich aus nach Ägypten verlegt, dem Mose hier zunächst eine ägyptische Mutter gegeben, diese dann aber durch eine israelitische Mutter und eine ägyptische Pflegemutter ersetzt habe, schon richtig rekonstruiert sein. Anderseits verschließt sich auch Simpson nicht der Tatsache, daß die große Bedeutung, die für die Folgezeit die Herausführung Israels aus Ägypten und seine Rettung am Meer gehabt hat, am ehesten verständlich würde, wenn angenommen werden dürfte, daß ein homo religiosus von der überragenden Größe Moses Zeuge und Deuter dieser Erlebnisse gewesen ist (S. 429). Mannigfache Ausdeutungen lassen weiter

die Sagen von Moses Flucht nach Midian und seinen dortigen Erlebnissen, insbesondere seiner Heirat mit der Kuschitin Zippora, zu, und
es ist reizvoll und lehrreich zu sehen, wie SIMPSON den historischen
Gehalt dieser Überlieferungen bestimmt (vgl. oben S. 44). Während
andere, doch wohl die Mehrzahl der Forscher, geneigt sind, den Erzählungszug von Moses Heirat mit einer Kuschitin oder Midianiterin
und auch wohl gar den Namen der Frau, Zippora, für historisch zu
halten — darunter der im übrigen gerade hinsichtlich des historischen Gehalts der Mose-Überlieferung sehr kritische M. NOTH (Überlieferungsgeschichte des Pentateuch, 1948, S. 185. 201 f. u. ö.) —, erklärt SIMPSON diese Gestalt und das Motiv von ihrer Verheiratung
mit Mose rein symbolisch: »Moses kuschitisches Weib scheint . . . die
Religion zu symbolisieren, die, am Sinai in Kusch oder Midian haftend,
die Israeliten nach Kadesch übertragen hatten. Mit dem Bericht über
die Heirat bekräftigte es J¹, daß der Jahwe, in dessen Namen Mose
in Kadesch sprach, kein anderer sei als der Jahwe des Sinai« (S. 430) —
eine jedenfalls originelle Erklärung, die an die dem 2. Jahrhundert v. Chr.
angehörende aramäische Inschrift aus dem kappadokischen Arebsun er-
innert mit ihren vom babylonischen Gott Bēl an die Personifikation des
mazdajasnischen Glaubens gerichteten Worten: »Du, meine Schwester,
bist sehr weise, und schöner bist du als die Göttinnen, und deshalb
habe ich dich gemacht zur Frau des Bēl« (vgl. M. LIDZBARSKI, Ephe-
meris für Semitische Epigraphik, I, 1902, S. 67—69). Die oben S. 49
wiedergegebene Meinung SIMPSONs, daß Mose bald nach Israels Aufbruch aus Kadesch gestorben sei, verdient alle Beachtung.

Während SIMPSONs Ausführungen über Mose, so hypothetisch sie
weithin sind und sein müssen, wohl allgemein als mögliche Lösungen
der sich aufdrängenden überlieferungsgeschichtlichen und historischen
Fragen dankbare Anerkennung finden werden, wird das, was er über
Josua zu sagen hat, vermutlich auf starken Widerspruch stoßen. Das
gilt keineswegs nur von der S. 563 und 623 vorgeschlagenen Kombination dieser Gestalt mit dem Jaschuia der Amarna-Briefe, sondern
ebenso von der These, das älteste uns erhaltene Erzählungswerk,
J¹, habe von Josua nichts gewußt, vielmehr sei er erst von J² eingeführt und dann von E in seiner Bedeutung ungemein gesteigert
worden. Denn mag man, wie ein Blick in die hierher gehörigen Darlegungen A. ALTs (ZAW, Beiheft 66, 1936, S: 13—29: Josua) und
M. NOTHs (Überlieferungsgeschichte des Pentateuch, 1948, S. 192—194)
einerseits, K. MÖHLENBRINKs (ZAW 59, 1943, S. 14—58: Josua im
Pentateuch) andererseits zeigt, in der überlieferungs- und sachkriti-
schen Beurteilung der von Josua handelnden Erzählungen sehr verschiedener Meinung sein können, so scheint es nach den hier in Betracht kommenden Abschnitten aus SMENDs „Erzählung des Hexa-

teuch" von 1912 (S. 145—148. 168 f. 271—279. 340) doch festzu-
stehen, daß schon der ältesten hexateuchischen Erzählungsschicht
die Bekanntschaft mit Josua zugeschrieben und insbesondere die
Erzählung von der Besiegung der Amalekiter durch Josua (Ex
17 8—16), die SIMPSON für E in Anspruch nimmt, aus ihr hergeleitet werden muss. Wenn SIMPSON seinem J¹ die Bekanntschaft
der Josua-Gestalt glaubt absprechen zu müssen, so ist das doch wohl
mit dadurch veranlaßt, daß sein J¹ außer gelegentlicher Erwähnung
von Joseph nur die Süd- und Oststämme berücksichtigt und insbesondere die Vorstellung vom Eindringen Israels nach Kanaan aus dem
Ostjordanland nicht gekannt haben soll, die Überlieferung aber
ganz eindeutig Josua nicht nur mit Ephraim in Verbindung bringt,
sondern ihn ebenso eindeutig an der Eroberung Kanaans von Osten
her beteiligt sein läßt. Beides ist für SIMPSON so gesichert, daß er
die von EDUARD MEYER in seinen »Israeliten«, 1906, S. 476 vorgeschlagene Deutung Josuas als eines Kultheros mit Recht stillschweigend ablehnt.

Davon, daß der von SIMPSON unternommene Versuch, aus dem
ja zugestandenermaßen schwer zu analysierenden Komplex von Ex 19
bis 34 eine Erzählung, J¹, herauszulösen, die von einem Zuge Israels
zum Sinai nichts gewußt, vielmehr Israel dauernd in Kadesch weilen
und nur Mose von dort eine Wallfahrt zum Sinai unternehmen läßt,
letztlich nicht auf literarkritische Argumente gestützt ist, sondern auf
einem traditionsgeschichtlichen und historischen Postulat beruht, ist
schon die Rede gewesen. Dem braucht nur hinzugefügt zu werden, daß
dies Postulat in der Tat der historischen Wirklichkeit entsprechen kann
und wird. Ebenso verdient die von SIMPSON erneuerte und um neue
Gesichtspunkte bereicherte Hypothese, daß der Erzählungszug von
einem am Sinai vollzogenen Bundesschluß zwischen Jahwe und Israel
aus einer Übertragung der im Kulte des Ba'al-Berith von Sichem üblichen
Vorstellungen und Bräuche auf Jahwe und den Sinai zu erklären sei,
lebendig erhalten zu werden. Dagegen scheint mir die, ja in der Tat
wichtige Frage, wie sich der Sache und dem Namen nach der Sinai
zum Horeb verhält, von SIMPSON kaum zutreffend beantwortet zu
sein. Die Ansetzung des vulkanischen Sinai in Midian freilich trifft wohl
zu, aber dafür, daß der Horeb auf dem Westteil der Sinai-Halbinsel zu
suchen und daß für ihn der besondere Kultus einer hier wohnenden oder
zeltenden israelitischen Gruppe, die dann über das Ostjordanland nach
Kanaan eingedrungen wäre, anzunehmen sei, lassen sich schwerlich
zureichende Gründe anführen. Die Erzählung von Elias Wallfahrt zum
Horeb I. Reg 19, die SIMPSON dafür in Anspruch nimmt, leistet diesen
ihr zugemuteten Dienst in Wahrheit nicht, kann vielmehr mit der
Erwähnung eines Erdbebens, das nach ihr Jahwes Theophanie begleitet,

eher als Argument für die Gleichsetzung des Horeb mit dem vulkanischen Sinai ausgewertet werden.

Darin, daß Israels Landnahme kein einheitliches Unternehmen von kurzer Dauer war, sondern sich räumlich und zeitlich auf weit auseinanderliegende Vorgänge friedlicher Art wie Auswirkung dauernden Weidewechsels und kriegerischen Charakters wie unmittelbare Angriffe auf kanaanäische Gebiete verteilt, stimmen jetzt wohl alle Sachverständigen überein. Insofern entspricht SIMPSONs Annahme, daß J^1 die Erinnerung an das von Süden her geschehene Eindringen der Südstämme zutreffend festgehalten habe, während in J^2 die an das Vordringen des Hauptteils der Nordstämme über den Jordan und an den ebenfalls über den Jordan, aber etwas weiter nördlich unternommenen Vorstoß einer kleineren Gruppe von diesen bewahrt sei, in ihren Grundzügen durchaus dem gegenwärtigen Stande der Forschung, wenn auch freilich der neuerdings wiederholt geltend gemachte Gesichtspunkt, daß die Landnahme Israels mehr als Auswirkung des Weidewechsels denn als eigentlich kriegerische Unternehmung vorzustellen sei, wohl zu wenig berücksichtigt wird. Aber etwa in der Aufteilung der von Osten her gekommenen Gruppen in eine solche, die am Sinai in Midian beheimatet war, und eine andere, die auf der Westhälfte der Sinai-Halbinsel um den dort gelegenen Horeb herum ihre Ursitze hatte, wird SIMPSON schwerlich Gefolgschaft finden, da zu derartigen bestimmten Aussagen die uns vorliegende Überlieferung nicht ausreicht. Im übrigen findet sich in den hierher gehörigen Ausführungen wieder manche beachtenswerte Beobachtung, so die — übrigens bereits von H. GRESSMANN, Mose und seine Zeit, 1913, S. 255 f. vorgetragene —, daß die von J^2 ostjordanländischer Tradition entnommene Erzählung von der Auflehnung der Rubeniten Datan und Abiram gegen Mose ätiologischer Art sei, nämlich eine eigenartige Erdformation in dem später Ruben zugefallenen Gebiet erklären solle.

Darin, daß sich nicht nur in den Erzählungen des Josua-Buches und des Anfangs des Richterbuches, sondern auch in den fünf Mose-Büchern, vor allem in der Genesis, mannigfache Anklänge an die Zustände und Ereignisse der auf die Landnahme folgenden vorstaatlichen Zeit Israels, der Zeit des geeinten Reiches sowie der Zeit nach der Reichsteilung, also des zwischen 1200 und 900 oder 800 v. Chr. liegenden Zeitraums, finden, stimmt SIMPSON wiederum mit Recht der herrschenden Meinung zu, was nicht bedeutet, daß er nicht auch hier eigene Wege ginge. In der Erklärung der Erzählung vom Bundesschluß Isaaks mit Abimelech von Gerar Gen *26* als Erinnerung an einen Vertrag, den die israelitischen Bewohner von Beerseba mit den Philistern geschlossen haben, hat SIMPSON manchen Vorgänger und ebenso darin, daß er in den verschiedenen Ausgestaltungen der Jakob- und Esau-Sagen bei J^1,

J² und E einen Niederschlag der wechselnden Beziehungen zwischen
Israel oder Juda und Edom erblickt. Aber wenn er den Erzählungszug,
daß Jakob seinem Sohn Joseph einen Ärmelrock habe machen lassen,
als Geltendmachung des Anspruches des Joseph-Stammes auf eine un-
bedingte Herrschaftsstellung erklären und damit erst der Zeit nach der
Reichsteilung zuschreiben will, so werden andere dagegen einwenden,
daß hier vielleicht ein dichterisches, zur Ausschmückung der Erzählung
dienendes Motiv vorläge, das keine historische Ausdeutung und Ansetzung vertrage, wie ja auch sonst es an Fällen nicht fehlt, in denen
die Entscheidung darüber, ob Anspielungen auf historische Gegebenheiten vorliegen oder aber mit rein literarischen Motiven zu rechnen ist,
nicht leicht gefällt werden kann.

Von den Israels Religionsgeschichte angehenden Ergebnissen
SIMPSONs gebührt denen, die sich auf die Anfänge der Jahwe-Religion
beziehen, noch besondere Beachtung. Daß zu klarer Unterscheidung des
Horeb vom Sinai und zur Ansetzung des Horeb auf der Westhälfte der
Sinai-Halbinsel unsere Quellen nicht ausreichen, ist eben S. 94f. schon
berührt. So braucht dem nur noch hinzugefügt zu werden, daß auch
der oben S. 50 erwähnte Versuch, die Art des Horeb-Gottes in ihrer
Verschiedenheit von der des Sinai-Gottes genauer zu bestimmen, an
den uns zur Verfügung stehenden Nachrichten keinen genügenden
Anhalt hat. Die oben S. 10 wiedergegebenen Bemühungen SIMPSONs,
das Wesen der durch Moses Wirksamkeit geprägten Jahwe-Religion der
Südstämme einerseits und der durch das Debora-Lied kraftvoll bezeugten der Nordstämme anderseits in ihrer Besonderheit zu erfassen,
haben schon eher Hand und Fuß, da sie Nachrichten verwerten können,
die wenigstens die von SIMPSON vorgetragene Auffassung zulassen.
Aber ein wirklich zuverlässiges Kriterium, das uns zu klarer Unterscheidung der im Jahwe-Kultus der Südstämme maßgebenden Vorstellungen und Bräuche von denen, die der Jahwe-Verehrung des Nordens ihr Gepräge gaben, befähigte, besitzen wir doch nicht. Wie im
übrigen die Erlebnisse der Vorfahren aller im Reich Davids aufgegangenen israelitischen Gruppen verallgemeinert und ausgeweitet, national-
siert und israelitisiert worden sind, so gilt das auch von ihrem Kultus
oder von ihren Kulten. Trifft es zu, daß, wie gegenwärtig noch von der
Mehrheit der Sachverständigen angenommen wird, der Joseph-Stamm
ganz oder teilweise der Träger der Erlebnisse gewesen ist, die in den
Erzählungen vom Übertritt nach Ägypten, von der dort erfahrenen Bedrückung, von dem Exodus, von dem Aufenthalt in Kadesch und am
Sinai ihren Niederschlag gefunden haben, und irrt die herrschende
Meinung auch darin nicht, daß Mose an diesen Erlebnissen des Joseph-
Stammes maßgebenden Anteil gehabt hat, so sind auch auf dem Gebiete
der Jahwe-Verehrung die entscheidenden Anstöße dem »Hause Joseph«

zuzuschreiben, während die Südstämme in dieser Hinsicht nur eine bescheidene Rolle gespielt haben und am Ende gar mit der Möglichkeit zu rechnen ist, daß unter ihnen vor ihrer Berührung mit der von den Nordstämmen gepflegten Jahwe-Religion der Kultus dieses Gottes keine allzu große Bedeutung gehabt hat. Indes ist auch diese Vorstellung vom Hergang der Dinge nicht mehr als ein Versuch, der, weil lückenhaft, zu wirklicher Erkenntnis nicht ausreichenden Überlieferung durch behutsame Ergänzung der Lücken dennoch ein in sich geschlossenes und einigermaßen überzeugendes Bild abzugewinnen.

Zusammenfassung

Alles in allem: SIMPSONs Buch über die ältesten Traditionen
Israels versteht es, den uns zunächst als flächenhaftes Bild erscheinenden
Hexateuch in eine Landschaft von unendlicher perspektivischer Tiefe
zu verwandeln oder — um die Kategorie des Raumes mit der der Zeit
zu vertauschen — ein von der Überlieferung als Erzeugnis einer kurzen
Zeitspanne ausgegebenes Buch als Niederschlag einer Jahrhunderte und
Jahrtausende umfassenden Entwicklung verständlich zu machen. Die
historischen Gegebenheiten, die sich in dem hexateuchischen Erzählungsstoff spiegeln, reichen bis in die Mitte des zweiten Jahrtausends
v. Chr. und vielleicht gar noch weiter zurück, und die sie verarbeitenden
Überlieferungen haben ebenfalls in so früher Zeit ihren Anfang genommen. Dabei ist zwischen zwei verschiedenen Traditionsströmen zu
unterscheiden, dem kanaanäischen, der es im wesentlichen mit mythisch-
kultischen Größen zu tun hat, und dem israelitischen, der Erinnerungen
an Israels Wüstenheimat festhält und darunter denen an die Anfänge
ihres Gottesglaubens eine bevorzugte Stelle einräumt. Bestimmte Aus-
schnitte dieser beiden Traditionsströme, nämlich die um Hebron grup-
pierten kanaanäischen und die von den Südstämmen sowie von Ruben
aus ihrer Wüstenheimat mitgebrachten Überlieferungen, hat — soweit
wir sehen können, zum ersten Mal — ein in oder bei Hebron ansässig zu
denkender Autor, J^1, nach der Schaffung des israelitischen Einheits-
reiches durch David zu einem ganz knappen Erzählungswerke zu-
sammengestellt; er hat dabei auch auf den Stamm Joseph Rücksicht genommen, ohne doch volkstümliche Traditionen über ihn zu verwerten.
So hoffte er, nicht nur zum Ausgleich des kanaanäischen und des israelitischen Elements in Davids Reich beizutragen, besser: das kanaanäische Element geistig Israel einzuverleiben, sondern auch die historischen Spannungen zwischen Süd und Nord zu mildern. Die von J^1
benutzten Traditionen blieben weiter lebendig, und daneben liefen
andere Traditionen einher, die J^1 unberücksichtigt gelassen hatte, namentlich im Norden. So hatte, wohl zu Anfang des 9. Jahrhunderts
v. Chr., ein anderer, dem Norden angehöriger Autor, J^2, die Möglichkeit,
das ihm vorliegende und von ihm hochgeschätzte Werk des J^1 durch
Berücksichtigung weiterer Traditionen, namentlich solcher des »Hauses
Joseph«, ausgiebig zu ergänzen und dadurch die Erzählung des J^1 insofern in neue Beleuchtung zu rücken, als die von diesem unter mehr
gelegentlicher Berücksichtigung Josephs erzählten Schicksale der Südstämme und des Stammes Ruben nun Teilvorgänge einer gesamt-

israelitischen Unternehmung wurden, bei denen der Joseph-Stamm durchaus die Führung hatte. Am deutlichsten prägte sich das darin aus, daß die von J^1 den Südstämmen und dem Stamme Ruben als von Süden, von Kadesch aus geschehend, zugeschriebene Landnahme nun der von Mose und Josua unter Umgehung Edoms und Überschreitung des Jordans von Osten her geführten gesamtisraelitischen Unternehmung eingegliedert wurde. Auch die von J^2 verarbeiteten Traditionen blieben außerhalb seines Werkes immer noch lebendig, und neben ihnen gab es andere, die bisher unverwertet geblieben waren. So konnte nicht nur das Werk des J^2 dauernd erweitert und ergänzt werden, sondern es hatte um 700 v. Chr. auch ein dritter Autor, E, die Möglichkeit, das ihm vorliegende J-Werk durch ein neues zu ersetzen, das noch viel stärker, als J^2 es schon getan, die Belange des »Hauses Joseph« vertrat und dabei insbesondere die Tradition einer Gruppe aus ihm berücksichtigte, die den Horeb und seine Umgebung als ihre Heimat betrachtete. Wie J^2 hat auch E Erweiterungen mannigfacher Art erfahren. In ihrer endgültigen Form sind dann J und E durch einen Redaktor, R^{je}, vereinigt worden, der, von dem Wunsche beseelt, möglichst alle Verschiedenheiten auszugleichen und alle Unebenheiten zu glätten, oft tief in den ihm vorliegenden Bestand von J und E eingegriffen und namentlich die von ihnen gegebene Folge der Erzählungen nicht selten geändert hat. Als gegen Ende des 7. Jahrhunderts v. Chr. das Deuteronomium entstanden war, hat ein anderer Redaktor, R^d, dies Buch in das Werk des R^{je} eingefügt und dabei allerlei an ihm geändert. Dasselbe gilt von dem Redaktor, R^p, der den im Laufe des 5. Jahrhunderts v. Chr. entstandenen Priesterkodex, P, mit dem Werk des R^d vereinigt hat. Aber damit ist die von SIMPSON berücksichtigte Entwicklung des Pentateuch noch keineswegs abgeschlossen. Vielmehr geht er in seinem Bemühen, Fehler der Textüberlieferungen zu korrigieren, auch auf die alten Übersetzungen des hebräischen Hexateuch, besonders auf die im 3. Jahrhundert v. Chr. und später entstandene Septuaginta, ein und rückt damit Verderbnisse des hebräischen Textes zurecht, die teilweise erst in den letzten beiden vorchristlichen und im ersten nachchristlichen Jahrhundert entstanden sind.

Ein Zeitraum von zwei Jahrtausenden ist es nach alledem, über den hin der Werdegang des Hexateuch verfolgt wird. Dabei ist das Bemühen, die einzelnen Phasen dieser Entwicklung zu erhellen, dem Titel des Buches entsprechend besonders der vordeuteronomischen Zeit zugewendet, aber die ihr folgenden sechs bis sieben Jahrhunderte bleiben eben doch auch nicht unberücksichtigt. Daß in dem Wunsche, möglichst alle sich aufdrängenden Fragen zu beantworten, manche Erklärungen vorgelegt werden, die nicht überzeugend und gar wohl abwegig und merkwürdig sind, versteht sich dabei ganz von selbst. Erstaunlich

7*

ist aber der nie erlahmende Mut zu immer neuen Fragen und immer neuen, weithin hypothetischen Antworten. Der Stufe der vorliterarischen mündlichen Überlieferung gilt diese Erkundungsfreudigkeit ebenso wie den Werken des J[1], des J[2] und des E, den Hinzufügungen durch die Ergänzer des J und des E nicht minder als den Eingriffen des R[je], des R[d] und des R[p]. Unter den von SIMPSON mit mehr oder weniger großen Vorbehalten gegebenen Antworten sind viele, die nur eine kleine Zahl der Mitarbeiter sich wird zu eigen machen können, und auch an solchen fehlt es nicht, die gar keinen Gefolgsmann finden werden. Ja, SIMPSON trägt Fragen an den Stoff heran, die manchem bisher nicht nur unbekannt waren, sondern zunächst auch absonderlich und unerlaubt vorkommen möchten. Aber gerade darin, daß der hexateuchischen Erzählung, vornehmlich der vordeuteronomischen, neue Fragestellungen mannigfacher Art abgewonnen werden, besteht die anregende Kraft des SIMPSONschen Buches. Wenn es wahr ist — und es ist wahr —, daß das ϑαυμάζειν, die Verwunderung und das durch sie veranlaßte Fragen, der Anfang der Wissenschaft ist, so können trotz aller in ihm enthaltenen Irrtümer von SIMPSONs Buch starke Antriebe zu neuer Bemühung um die Lösung der mit dem Hexateuch gegebenen Probleme ausgehen.